www.ingramcontent.com/pod-product-compliance
Lightning Source LLC
LaVergne TN
LVHW010428070526
838199LV00066B/5956
9789358721928

جنت کی زندگی

(مضامین)

اورنگزیب یوسف

© Taemeer Publications LLC

Jannat ki Zindagi *(Essays)*

by: Aurangzeb Yousuf

Edition: August '2024

Publisher :

Taemeer Publications LLC (Michigan, USA / Hyderabad, India)

ISBN 978-93-5872-192-8

9 789358 721928

مصنف یاناشر کی پیشگی اجازت کے بغیر اس کتاب کا کوئی بھی حصہ کسی بھی شکل میں بشمول ویب سائٹ پر اَپ لوڈنگ کے لیے استعمال نہ کیا جائے۔ نیز اس کتاب پر کسی بھی قسم کے تنازع کو نمٹانے کا اختیار صرف حیدرآباد (تلنگانہ) کی عدلیہ کو ہو گا۔

© تعمیر پبلی کیشنز

کتاب	:	**جنت کی زندگی** (مضامین)
مصنف	:	**اورنگزیب یوسف**
جمع وترتیب / تدوین	:	اعجاز عبید
صنف	:	مذہب
ناشر	:	تعمیر پبلی کیشنز (حیدرآباد، انڈیا)
سالِ اشاعت	:	۲۰۲۴ء
صفحات	:	۸۶
سرورق ڈیزائن	:	تعمیر ویب ڈیزائن

فہرست

(۱)	جنت کی معاشرتی زندگی	6
(۲)	اہل جنت کی برائیوں کا دور کر دیا جانا	9
(۳)	نہ بغض و کینہ، نہ نفرت و عداوت	10
(۴)	نہ بے ہودہ کلام، نہ جھوٹ، نہ ہی گناہ کی کوئی بات	11
(۵)	اہل جنت کی خاندانی زندگی	14
(۶)	اہل جنت کی بیویوں کی خصوصیات	20
(۷)	جنت کی حوریں	22
(۸)	والدین اور اولاد کا ملا دیا جانا	26
(۹)	اہل جنت کی محفلیں	29
(۱۰)	اہل جنت کی نشست گاہیں	30
(۱۱)	اہل جنت کے خدمت گار لڑکے	32
(۱۲)	اہل جنت کی باہم گفتگو	35
(۱۳)	اہل جنت کی اہل جہنم سے گفتگو	38
(۱۴)	اہل جنت کی ہر خواہش کا پورا کیا جانا	43
(۱۵)	کبھی نہ ختم ہونے والا رزق اور نعمتیں	45
(۱۶)	ان ساری نعمتوں سے بڑی چیز اللہ کی خوشنودی	46
(۱۷)	اللہ کا دیدار اور ملاقات عظیم ترین نعمت	48
(۱۸)	موت کا نہ آنا	50
(۱۹)	جنت کی ہمیشگی	54
(۲۰)	کوئی جنتی کبھی یہ نہ چاہے گا کہ اس کا حال بدل جائے	61
(۲۱)	خلاصۂ کلام	63
(۲۲)	جنت اور اس کی نعمتیں کس پر حرام ہیں؟	66

جنت کی معاشرتی زندگی

انسان کو اچھی اور بھرپور زندگی گزارنے کے لیے ایک انسانی معاشرے کی ضرورت پڑتی ہے۔ دنیا میں زندگی کی بہت بڑی نعمتوں میں سے والدین، بیویاں، اولاد، رشتہ دار، اچھے پڑوسی اور دوست ہیں۔ دنیا کی ساری نعمتیں ہوں مگر خوشیاں بانٹنے کے لیے کوئی نہ ہو اور انسان تنہا ہو تو وہی ساری چیزیں کاٹ کھانے کو دوڑتی ہیں۔ نعمتوں کا لطف تب ہی آتا ہے جب آپ کے اپنے پیارے آپ کے ساتھ ہوں۔ اور یہ بات بھی ہم سب جانتے ہیں کہ اردگرد رہنے والے انسانوں کا معاشرہ جتنا اچھا ہو ہماری زندگی بھی اتنی ہی اچھی گزرتی ہے۔ اچھی صاف ستھری طبعیت، شائستگی اور ذوق سلیم رکھنے والے لوگوں کے لیے بدتمیز و بدزبان، جھگڑے فساد والے، گالم گلوچ کرنے والے، غیبت و حسد کرنے والے، جھوٹے اور بے حیا لوگوں کے درمیان رہنا ایک بڑے عذاب سے کم نہیں ہوتا۔ جنت نعمتوں کا گھر ہے اور جنت کی نعمتیں کمال ہیں۔ جب ہم ان عظیم الشان نعمتوں کے بارے میں پڑھتے ہیں تو سمجھ نہیں آتی کہ کس نعمت کو کس درجے میں رکھا جائے کیونکہ وہاں تو ہر نعمت ہی ایسی ہے کہ جسے چھوٹا نہیں کہا جا سکتا۔ جنت کی انہی کمال بے مثال نعمتوں میں سے ایک بہت ہی بڑی نعمت وہاں پہنچنے والے بہترین انسانوں کا امن و محبت والا پاکیزہ معاشرہ ہے۔ جنت کے جس معاشرے کی تصویر قرآن حکیم اور احادیث

مبارکہ میں ہمارے سامنے رکھی گئی ہے وہ اتنی پرکشش ہے کہ بے اختیار یہ خواہش پیدا ہوتی ہے کہ کاش ہم بھی اسی معاشرے کا حصہ بن جائیں۔ آپ دیکھیے کہ دنیا کی چند سالہ زندگی اپنی سمجھ کے مطابق بہتر اور خوشحال گزارنے کے لیے لوگ اپنا گھر، اپنا وطن، اپنا خاندان، رشتہ دار سب کچھ چھوڑ دیتے ہیں، برسوں تک غریب الوطنی کاٹتے ہیں کہ امیگریشن مل جائے۔۔۔ کتنی بڑی قربانی ہے۔۔۔ کس کے لیے؟ عارضی، فانی دنیا کے لیے اور عین ممکن ہے کہ وہ "اچھی دنیا" درحقیقت آپ کے لیے اچھی بالکل نہ ہو۔ کل کو وہاں آپ ہی کے بچے آپ کا بوجھ اٹھانے اور آپ کی تیسری نسل آپ کا نام بھی پہچاننے سے انکار کر دے، اور شاید بہت سارے اپنوں کے لیے گمراہی کی راہ کھولنے پر آپ آخرت میں بھی ناکام ہو جائیں۔

آیئے ذیل کی سطور میں ہم ایک ایسے بہترین معاشرے کے بارے میں جانتے ہیں جس کی خوبی و حسن کا ہم صحیح تصور بھی نہیں کر سکتے۔ جہاں دائمی و ابدی خوشحالیاں ہیں، جہاں داخلے کی کامیابی جس کو مل گئی وہ وہاں کا درجہ اول کا مستقل باشندہ ہے جسے نہ تو کبھی وہاں سے نکالا جائے گا اور نہ پھر کبھی اسے کوئی ناکامی نہیں ملے گی۔ چلیے اس آئیڈیل معاشرے کے بارے میں جاننے کے لیے قرآن و حدیث سے رہنمائی لیتے ہیں، شاید یہی جاننا ہمارے دل میں اس کے پانے کی تڑپ بیدار کر دے اور ہم اپنے رب سے اس کے چنے ہوئے بہترین لوگوں کے معاشرے کی شہریت مانگ لیں، شاید اسے حاصل کرنے کی خواہش میں ہم اس کے لیے کچھ کوشش اور قربانی بھی کر سکیں جس رب قبول کر لے اور ہمیں سچی کامیابی مل جائے۔

جنت سلامتی کا گھر ہے جہاں نہ نفرت و کدورت ہے، نہ حسد و بغض و عداوت، نہ ہی برائی و بے ہودگی و بدکرداری اور نہ ہی جنگ و جدل و قتل و غارت گری۔ جہاں سلامتی ہی

سلامتی ہے، جہاں انسانیت کے چھانٹے ہوئے بہترین لوگ رہتے ہیں جن کے دلوں میں کوئی آلائش نہیں اور جن کی برائیاں ان سے دور کر دی گئی ہیں۔ دنیا میں ہی اگر کسی کو اچھا پڑوس اور اچھے رفقاء مل جائیں تو کتنی بڑی نعمت ہے، کتنی اچھی زندگی گزرتی ہے۔ ہماری کتنی خواہش ہوتی ہے کہ کاش کسی نبی کو اپنی آنکھوں سے دیکھا ہوتا، کاش کسی رسول کی رفاقت میسر آئی ہوتی۔ رسول ﷺ کے کس امتی کی خواہش نہیں کہ آپ ﷺ سے شرف ملاقات ہو جائے۔ ہاں یہ خواب حقیقت بن سکتا ہے اگر ہم اللہ کی جنت کے مستحق ہو جائیں تو ایسے ہی اعلیٰ لوگوں کی دائمی رفاقتیں مل سکتی ہیں کیونکہ جنت ہی تو وہ آئیڈیل اعلیٰ ترین معاشرہ ہے جہاں رفاقت کے لیے انبیاءؑ اور صدّیقین اور شہداء اور صالحین جیسے بہترین رفقاء ہیں:

سورۃ النساء(۴)

وَمَن يُطِعِ اللّٰهَ وَالرَّسُولَ فَاُولٰٓئِكَ مَعَ الَّذِينَ اَنْعَمَ اللّٰهُ عَلَيْهِم مِّنَ النَّبِيِّينَ وَالصِّدِّيقِينَ وَالشُّهَدَاءِ وَالصَّالِحِينَ وَحَسُنَ اُولٰٓئِكَ رَفِيقًا {۶۹} ذٰلِكَ الْفَضْلُ مِنَ اللّٰهِ وَكَفٰى بِاللّٰهِ عَلِيمًا {۷۰}

اور جو لوگ اللہ اور رسول ﷺ کی اطاعت کریں گے وہ ان لوگوں کے ساتھ ہوں گے جن پر اللہ نے انعام فرمایا ہے یعنی انبیاءؑ اور صدّیقین اور شہداء اور صالحین۔ کیسے اچھے ہیں یہ رفیق جو کسی کو میسّر آئیں۔ یہ حقیقی فضل ہے جو اللہ کی طرف سے ملتا ہے اور حقیقت جاننے کے لیے بس اللہ ہی کا علم کافی ہے۔

* * *

اہل جنت کی برائیوں کا دور کر دیا جانا

آیئے اب ہم جنت کے سارے وارثوں کی کچھ مشترکہ خوبیوں کے بارے میں جانتے ہیں۔ قرآن حکیم میں اس بارے میں یہ خبر دی گئی ہے کہ اہل جنت کی برائیاں جنت میں داخلے سے پہلے ہی ان سے دور کر دی جائیں گی اور ان کے دلوں میں سے برائی کو خدائی انتظام کے ذریعے مٹا دیا جائے گا۔ اور یوں اہل جنت آپس میں محبت کرنے والے بھائیوں کی طرح رہیں گے۔ کچھ آیات ملاحظہ ہوں:

سورۃ الفتح (۴۸)

لِيُدْخِلَ الْمُؤْمِنِينَ وَالْمُؤْمِنَاتِ جَنَّاتٍ تَجْرِي مِن تَحْتِهَا الْأَنْهَارُ خَالِدِينَ فِيهَا وَيُكَفِّرَ عَنْهُمْ سَيِّئَاتِهِمْ وَكَانَ ذَٰلِكَ عِندَ اللَّهِ فَوْزًا عَظِيمًا {۵}

تاکہ مومن مردوں اور عورتوں کو ہمیشہ رہنے کے لیے ایسی جنتوں میں داخل فرمائے جن کے نیچے نہریں بہہ رہی ہوں گی اور اُن کی برائیاں اُن سے دور کر دے ـــــــ اللہ کے نزدیک یہ بڑی کامیابی ہے۔

سورۃ التغابن (۶۴)

يَوْمَ يَجْمَعُكُمْ لِيَوْمِ الْجَمْعِ ذَٰلِكَ يَوْمُ التَّغَابُنِ وَمَن يُؤْمِن بِاللَّهِ وَيَعْمَلْ صَالِحًا يُكَفِّرْ عَنْهُ سَيِّئَاتِهِ وَيُدْخِلْهُ جَنَّاتٍ تَجْرِي مِن تَحْتِهَا الْأَنْهَارُ خَالِدِينَ فِيهَا أَبَدًا ذَٰلِكَ الْفَوْزُ الْعَظِيمُ {۹}

جب اجتماع کے دن وہ تم سب کو اکٹھا کرے گا۔ وہ دن ہو گا ایک دوسرے کے مقابلے میں لوگوں کی ہار جیت کا۔ جو اللہ پر ایمان لایا ہے اور نیک عمل کرتا ہے، اللہ اس کی برائیاں اس سے دور کر دے گا اور اسے ایسی جنتوں میں داخل کرے گا جن کے نیچے نہریں بہتی ہوں گی۔ یہ لوگ ہمیشہ ہمیشہ ان میں رہیں گے۔ یہی بڑی کامیابی ہے۔

***

نہ بغض و کینہ، نہ نفرت و عداوت

دلوں کی نفرت اور باہمی تعلقات کی خرابی انسانی دکھوں میں سے بہت سے دکھوں کی جڑ ہے۔ بعض اوقات بڑی بڑی نعمتوں میں رہنے والے اپنے قریب رہنے والے انسانوں کے رویوں سے اس قدر دل برداشتہ ہوتے ہیں کہ خودکشیاں تک کر بیٹھتے ہیں۔ جو لوگ دلوں میں دوسروں کے خلاف نفرتیں اور بغض رکھتے ہیں ان کی زندگی اور سوچ کبھی صحت مند نہیں ہوتی۔ جنت نام ہی بہترین زندگی کا ہے پھر بھلا یہ کیونکر ممکن ہے کہ وہاں کے رہنے والے نفرتیں اور کدورتیں رکھتے ہوں یا وہاں بے ہودگی اور بدتمیزی کا کوئی گزر بھی ہو۔

جنتیوں کے دلوں میں اگر کسی کے خلاف بغض و عداوت اور نفرت و دشمنی ہوگی بھی تو اس کو مٹا دیا جائے گا۔ جنت کے کسی بھی باشندے سے کسی دوسرے کو برائی، خطرے اور دشمنی کا کوئی امکان نہیں ہوگا:

سورۃ الحجر (۱۵)

وَنَزَعۡنَا مَا فِي صُدُورِهِم مِّنۡ غِلٍّ إِخۡوَٰنًا عَلَىٰ سُرُرٖ مُّتَقَٰبِلِينَ {۴۷}

اُن کے دلوں میں جو تھوڑی بہت کھوٹ کپٹ ہوگی اسے ہم نکال دیں گے، وہ آپس میں بھائی بھائی بن کر آمنے سامنے تختوں پر بیٹھیں گے۔

سورۃ الاعراف (۷)

وَنَزَعۡنَا مَا فِي صُدُورِهِم مِّنۡ غِلّٖ تَجۡرِي مِن تَحۡتِهِمُ ٱلۡأَنۡهَٰرُۖ وَقَالُواْ ٱلۡحَمۡدُ لِلَّهِ ٱلَّذِي هَدَىٰنَا

ہٰـذَا وَمَا كُنَّا لِنَهْتَدِيَ لَوْلا أَنْ هَدَانَا اللّهُ لَقَدْ جَاءتْ رُسُلُ رَبِّنَا بِالْحَقِّ وَنُودُواْ أَن تِلْكُمُ الْجَنَّةُ أُورِثْتُمُوهَا بِمَا كُنتُمْ تَعْمَلُونَ {۴۳}

ان کے دلوں میں ایک دوسرے کے خلاف جو کچھ کدورت ہو گی اسے ہم نکال دیں گے۔ ان کے نیچے نہریں بہتی ہوں گی۔ اور وہ کہیں گے کہ "تعریف اللہ ہی کے لیے ہے جس نے ہمیں یہ راستہ دکھایا، ہم خود راہ نہ پا سکتے تھے اگر خدا ہماری رہنمائی نہ کرتا، ہمارے رب کے بھیجے ہوئے رسول واقعی حق ہی لے کر آئے تھے۔" اس وقت نِدا آئے گی کہ "یہ جنت جس کے تم وارث بنائے گئے ہو تمہیں اُن اعمال کے بدلے میں ملی ہے جو تم کرتے رہے تھے۔"

***

نہ بے ہودہ کلام، نہ جھوٹ، نہ ہی گناہ کی کوئی بات

جنت کی بڑی نعمتوں میں سے ایک یہ ہے کہ وہاں کوئی ایسی بات نہ ہو گی جو بے ہودگی، جھگڑے، جھوٹ، گالی، لغویات، لعن طعن، بہتان، غیبت، چغلی، تمسخر، طنز، بدتمیزی، بدزبانی یا گناہ کے کسی زمرے میں آتی ہو:

سورۃ الواقعۃ (۵٦)

لَا يَسْمَعُونَ فِيهَا لَغْوًا وَلَا تَأْثِيمًا {۲۵} إِلَّا قِيلًا سَلَامًا سَلَامًا {۲٦}

وہاں وہ کوئی بیہودہ کلام یا گناہ کی بات نہ سنیں گے جو بات بھی ہو گی ٹھیک ہو گی۔

سورۃ الغاشیۃ (۸۸)

لَّا تَسْمَعُ فِيهَا لَاغِيَةً {۱۱}

کوئی بیہودہ بات وہاں نہ سنیں گے۔

سورۃ النبأ (۷۸)

لَّا يَسْمَعُونَ فِيهَا لَغْوًا وَلَا كِذَّابًا {۳۵}

وہاں کوئی لغو اور جھوٹی بات وہ نہ سنیں گے۔

سورۃ مریم (۱۹)

لَا يَسْمَعُونَ فِيهَا لَغْوًا إِلَّا سَلَامًا وَلَهُمْ رِزْقُهُمْ فِيهَا بُكْرَةً وَعَشِيًّا {۶۲} تِلْكَ الْجَنَّةُ الَّتِي نُورِثُ مِنْ عِبَادِنَا مَن كَانَ تَقِيًّا {۶۳}

وہاں وہ کوئی بے ہُودہ بات نہ سُنیں گے، جو کچھ بھی سُنیں گے ٹھیک ہی سنیں گے۔ اور ان کا رزق انہیں پیہم صبح و شام ملتا رہے گا۔ یہ ہے وہ جنت جس کا وارث ہم اپنے بندوں میں سے اُس کو بنائیں گے جو پرہیز گار رہا ہے۔

دنیوی زندگی کی بہت بڑی تکالیف میں سے یہ چند ہیں جن سے انسان کو جنت میں مکمل نجات مل جائے گی۔ آپ خود غور فرمائیے کہ جن مسائل کی وجہ سے دشمنیاں، نفرتیں اور فساد وجود میں آتے ہیں جب وہ مسائل جنت میں ہوں گے ہی نہیں تو نفرت و عداوت کیوں آئے گی۔ جب ہر ایک اپنی جنت میں بادشاہ کی طرح رہے گا ، جسے کبھی کوئی رنج و تکلیف نہ پہنچے گی، جس کی ہر خواہش پوری کی جائے گی اور جو کچھ اس کے خدا نے اس کو دیا ہو گا وہ اس پر راضی اور مطمئن ہو گا، جسے کسی بھی نعمت کے چھن جانے کا کوئی ڈر نہ ہو گا تو پھر کسی دوسرے سے نفرت اور دشمنی کا کیا سوال؟ جب کسی دوسرے کی احتیاج ہی نہیں ہو گی تو برائی کیسی؟ ویسے بھی اہل جنت وہ لوگ ہوں گے جو دنیا میں اہل خیر تھے اور جن سے بہت برے حالات میں بھی اچھائی ہی کی توقع کی جاتی

تھی۔ جو اللہ کو دیکھے بنا اس کو راضی کرنے کے لیے خود کو تکلیف میں ڈال کر دوسروں کی ضروریات پوری کرتے تھے اور دوسروں کو سکھ پہنچاتے تھے ان سے کوئی کیونکر یہ توقع کرے گا کہ وہ اللہ سے ملاقات کے بعد اس کی جنت میں رہتے ہوئے فساد کریں، اور جنت جیسی نعمت عظیم پانے کے بعد بے ہودہ کلام، جھوٹ یا گناہ کی کوئی بات کریں؟ یوں بھی ہم اوپر یہ پڑھ آئے ہیں کہ جو برائی بھی جس جنتی میں تھی وہ جنت میں داخل کیے جانے سے پہلے ہی اس سے دور کر دی جائے گی اور اگر کسی جنتی کو کسی شخص کے ساتھ دشمنی تھی بھی تو اللہ تعالی اپنی تخلیقی کار فرمائی سے ہی دلوں کو برائیوں، بے ہودگیوں، نفرتوں اور عداوتوں سے پاک وصاف کر دے گا۔ وہاں ان کی صدائیں سلامتی کی ہوں گی اور ان کی زبانیں اللہ کی پاکی اور تعریف بیان کریں گی۔

سورۃ یونس (۱۰)

دَعْوَاهُمْ فِيهَا سُبْحَانَكَ اللَّهُمَّ وَتَحِيَّتُهُمْ فِيهَا سَلاَمٌ وَآخِرُ دَعْوَاهُمْ أَنِ الْحَمْدُ للّهِ رَبِّ الْعَالَمِينَ {۱۰}

وہاں ان کی صدا یہ ہو گی کہ "پاک ہے تو اے خدا"، اُن کی دعا یہ ہو گی کہ "سلامتی ہو" اور ان کی ہر بات کا خاتمہ اس پر ہو گا کہ "ساری تعریف اللہ رب العالمین ہی کے لیے ہے۔"

رسول ﷺ نے فرمایا کہ اہل جنت کے درمیان کوئی مخالفت نہیں ہو گی، نہ ان میں ایک دوسرے کے لیے بغض ہو گا۔ سب کے دل (باہمی الفت و محبت کے باعث مل کر گویا) ایک دل ہو گئے ہوں گے۔ وہ صبح و شام اللہ کی پاکی بیان کریں گے۔

(مسلم)

یہ سلامتی اور امن و عافیت والا وہ پاکیزہ معاشرہ ہے جہاں کسی بھی نوعیت کے دکھ،

رنج و غم یا تکلیف نام کی کسی چیز کا کوئی وجود نہیں۔ اسی نعمت کدے کا نام جنت ہے اور اسی کی طرف ہمارا مہربان رب ہمیں دعوت دے رہا ہے:

سورۃ یونس (۱۰)

وَاللّهُ يَدْعُو إِلَى دَارِ السَّلاَمِ وَيَهْدِي مَن يَشَاءُ إِلَى صِرَاطٍ مُّسْتَقِيمٍ {۲۵}

(تم اِس ناپائیدار زندگی کے فریب میں مُبتلا ہو رہے ہو) اور اللہ تمہیں دار السّلام کی طرف دعوت دے رہا ہے۔ (ہدایت اُس کے اختیار میں ہے) جس کو وہ چاہتا ہے سیدھا راستہ دکھا دیتا ہے۔

اللہ سے دعا کیجیے کہ خدا ہمیں بھی سلامتی کے اسی گھر میں جگہ عطا فرمائے (آمین)

اللھم انا نسالک الجنۃ ونعوذ بک من عذاب النار

(اے اللہ ہم تجھ سے جنت کا سوال کرتے ہیں اور آگ کے عذاب سے تیری پناہ مانگتے ہیں)

***

اہل جنت کی خاندانی زندگی

ہم نے یہ جانا کہ جنت سلامتی کا گھر ہے جس کا معاشرہ انسانیت کے بہترین لوگوں کا معاشرہ ہو گا جہاں کسی کے دل میں کسی کی نفرت یا دشمنی نہ ہو گی، اہل جنت کی برائیوں کو دور کر دیا جائے گا اور جنت میں کوئی بے ہودہ کلام یا گناہ کی بات نہ سنی جائے گی۔ انہی اعلی صفات والے لوگوں کا معاشرہ جنت کہلائے گا۔

اب ہم جنت کی خاندانی زندگی کے بارے میں قرآن و حدیث سے جاننے کی

کوشش کریں گے۔اس بارے میں پہلی بات تو یہ ہے جنت میں کوئی بھی جنتی اکیلا نہیں رہے گا بھلے وہ مرد ہو یا عورت۔زندگی کے حسن کا رشتہ یعنی رشتہ ازدواج وہاں بھی ہو گا۔ جنتی مرد ہوں یا عورتیں ہمیشہ جوان اور میاں بیوی کی حیثیت میں ہی رہیں گے۔

رسول ﷺ نے ارشاد فرمایا

"ومافی الجنۃ اعزب۔۔"

اور جنت میں کوئی بغیر جوڑے کے نہ ہو گا۔

صحیح مسلم، کتاب الجنۃ، باب ٦

جنتی مردوں کی یہ بیویاں حوروں کے علاوہ ہوں گی اور چونکہ یہ دنیا کی آزمائش سے گزر کر اپنے ایمان اور اعمال صالحہ کی بنا پر جنت کی مستحق ہوئی ہوں گی اس لیے ان کو حوروں پر فضیلت حاصل ہو گی یوں سمجھ لیجیے کہ جنتی بادشاہ کی ملکہ کی حیثیت انہی کو حاصل ہو گی۔

حضرت ام سلمہ رضی اللہ عنہا سے روایت ہے۔وہ فرماتی ہیں کہ "میں نے رسول اللہ ﷺ نے پوچھا، یارسول اللہ، دنیا کی عورتیں بہتر ہیں یا حوریں؟ حضور ﷺ نے جواب دیا، دنیا کی عورتوں کو حوروں پر وہی فضیلت حاصل ہے جو ابرے کو استر پر ہوتی ہے۔ میں نے پوچھا کس بنا پر؟ فرمایا اس لیے کہ ان عورتوں نے نمازیں پڑھی ہیں، روزے رکھے ہیں اور عبادتیں کی ہیں۔"

(طبرانی)

جنتی عورتیں اپنی مرضی اور پسند کے مطابق یا تو اپنے سابق جنتی شوہروں کی زوجیت میں آئیں گی یا پھر کسی دوسرے جنتی کی زوجیت میں جبکہ فریقین یہ رفاقت پسند کریں۔ قرآن حکیم ہمیں یہ بتاتا ہے کہ جنتیوں کی ہر خواہش پوری کی جائے گی اس لیے

وہاں ابدی رشتۂ ازدواج میں منسلک کیے جانے سے پہلے فریقین کی رضامندی، خواہش اور خوشی کو اصل اہمیت حاصل ہو گی۔ احادیث مبارکہ سے ہمیں یہ معلوم ہوتا ہے کہ جو میاں بیوی دنیا میں مومن رہے ہوں اور آخرت میں جنت کے مستحق ہو جائیں تو اگر دونوں چاہیں گے تو ان کا یہ رشتہ وہاں ابدی و سرمدی ہو جائے گا اور اگر نہ چاہیں تو اللہ ان کا جوڑ کسی اور جنتی سے لگا دے گا۔ جس جوڑے میں سے کوئی ایک جنتی اور دوسرا جہنمی نکلا تو جنتی کو اس کی رضامندی سے اہل جنت میں سے کسی کے رشتہ ازدواج میں دے دیا جائے گا، اسی طرح ان مردوں اور عورتوں کے ساتھ بھی معاملہ کیا جائے گا جو دنیا میں شادی سے پہلے ہی مر گئے تھے۔ اس معاملے میں ایک سادہ سی بات ہمیں یہ سمجھ لینی چاہیے کہ جنت کے مستحق لوگ چاہے وہ مرد ہوں یا عورتیں اللہ کے پسندیدہ ہوں گے اور انہیں رب کی طرف سے ہر خوشی دی جائے گی اور اہل جنت کی خوشیوں کے لیے ان کے حق میں اللہ سے بہتر چننے والا اور فیصلہ کرنے والا کون ہو سکتا ہے۔ اللہ کامل علم والی ہستی ہے، دل و دماغ اسی کے قبضۂ قدرت میں ہیں، جو جوڑا اللہ ان کے لیے چنے گا وہ ان کے لیے بہترین ہو گا اور اسی میں اللہ ان کی بھرپور خوشی، محبت اور رضامندی بھی رکھ دے گا۔

کچھ آیات ملاحظہ ہوں:

سورۃ الزخرف (۴۳)

يَا عِبَادِ لَا خَوْفٌ عَلَيْكُمُ الْيَوْمَ وَلَا أَنتُمْ تَحْزَنُونَ {٦٨} الَّذِينَ آمَنُوا بِآيَاتِنَا وَكَانُوا مُسْلِمِينَ {٦٩} ادْخُلُوا الْجَنَّةَ أَنتُمْ وَأَزْوَاجُكُمْ تُحْبَرُونَ {٧٠} يُطَافُ عَلَيْهِم بِصِحَافٍ مِّن ذَهَبٍ وَأَكْوَابٍ وَفِيهَا مَا تَشْتَهِيهِ الْأَنفُسُ وَتَلَذُّ الْأَعْيُنُ وَأَنتُمْ فِيهَا خَالِدُونَ {٧١} وَتِلْكَ الْجَنَّةُ الَّتِي أُورِثْتُمُوهَا بِمَا كُنتُمْ تَعْمَلُونَ {٧٢}

اُس روز اُن لوگوں سے جو ہماری آیات پر ایمان لائے تھے اور مطیعِ فرمان بن کر رہے تھے کہا جائے گا کہ "اے میرے بندو، آج تمہارے لیے کوئی خوف نہیں اور نہ تمہیں کوئی غم لاحق ہو گا۔ داخل ہو جاؤ جنت میں تم اور تمہاری بیویاں، تمہیں خوش کر دیا جائے گا۔"اُن کے آگے سونے کے تھال اور ساغر گردش کرائے جائیں گے اور ہر مَن بھاتی اور نگاہوں کو لذت دینے والی چیز وہاں موجود ہو گی۔ ان سے کہا جائے گا،"تم اب یہاں ہمیشہ رہو گے۔ تم اِس جنت کے وارث اپنے اُن اعمال کی وجہ سے ہوئے ہو جو تم دنیا میں کرتے رہے۔

سورۃ یٰس (۳۶)

اِنَّ اَصۡحَابَ الۡجَنَّۃِ الۡیَوۡمَ فِیۡ شُغُلٍ فٰکِهُوۡنَ {۵۵} هُمۡ وَ اَزۡوَاجُهُمۡ فِیۡ ظِلٰلٍ عَلَی الۡاَرَآئِکِ مُتَّکِـُٔوۡنَ {۵۶} لَهُمۡ فِیۡهَا فَاکِهَۃٌ وَّ لَهُمۡ مَّا یَدَّعُوۡنَ {۵۷} سَلٰمٌ ۟ قَوۡلًا مِّنۡ رَّبٍّ رَّحِیۡمٍ {۵۸}

آج جنتی لوگ مزے کرنے میں مشغول ہیں۔ وہ اور ان کی بیویاں گھنے سایوں میں ہیں مسندوں پر تکیے لگائے ہوئے، ہر قسم کی لذیذ چیزیں کھانے پینے کو ان کے لیے وہاں موجود ہیں، جو کچھ وہ طلب کریں ان کے لیے حاضر ہے، ربِ رحیم کی طرف سے ان کو سلام کہا گیا ہے۔

اب یہاں ایک سوال یہ پیدا ہوتا ہے کہ سوکن کو ناپسند کرنا اور اس سے نفرت کرنا تو عورت کی فطرت میں ہے تو جنت میں جہاں رقابت کے لیے حوریں اور دوسری بیویاں بھی ہوں گی تو پھر جنتی بیویاں کیونکر خوش رہ سکیں گی؟ اس کا جواب ہم مضمون کے تیسرے حصے میں پڑھ آئے ہیں کہ اہل جنت کے دلوں میں نفرت و کدورت، بغض و عداوت اور حسد ور قابت کا داعیہ ختم کر دیا جائے گا اور یہ برائیاں ان سے دور کر کے انہیں پاکیزہ بنا دیا جائے گا۔ دوسری بات یہ کہ ان کے دلوں میں اللہ صرف انہی کی محبت ڈالے گا جن کی

زوجیت میں وہ دی جائیں گی، وہ اپنے اپنے خاوندوں ہی کی عاشق ہوں گی اور ان کی ساری دلچسپیاں اور محبتیں انہی سے وابستہ ہوں گی۔ وہ نگاہیں بچانے والی، شرمیلی، ہم عمر پاکیزہ لڑکیاں ہوں گی، جنہیں اللہ رب العالمین جوان اور کنواریاں بنا دے گا بھلے وہ دنیا میں بوڑھی ہو کر مری ہوں۔ وہ ایسی حسین ہوں گی جیسے چھپا کر رکھے ہوئے ہیرے اور موتی، ایسی آبرو والی ہوں گی کہ جنہیں ان کے خاوندوں کے علاوہ کسی نے نہ چھوا ہو گا اور ایسی حیا دار ہوں گی کہ انہیں اپنے خاوند کے علاوہ کسی سے کوئی دلچسپی نہ ہو گی۔

ہم پہلے ایک حدیث پڑھ آئے ہیں جس میں یہ بیان تھا کہ ادنی ترین جنتی کو بھی زمین سے دس گنا بڑی جنت دی جائے گی اب آپ خود سوچیے کہ ایسی سلطنتوں کے وارثوں کی بیویاں کیا ان سے خوش نہ ہوں گی جب کہ وہاں انہیں کوئی تکلیف دیے جانے کا کوئی سوال ہی پیدا نہیں ہوتا۔ بیویوں کی باہم نفرت و رقابت کا یہ تصور محض دنیا کی زندگی کے ساتھ وابستہ ہے جنت کی زندگی میں اس کا کوئی تصور نہیں بالکل اسی طرح جیسے کہ اللہ نے ہمیں ہماری ماؤں کے پیٹوں میں کئی مہینے تک منہ کے ذریعے سے نہیں بلکہ براہ راست ماں کے خون سے رزق دیا اور اسی سے ہماری بنیاد بنی لیکن دنیا میں آنے کے بعد وہ تصور ختم ہو جاتا ہے اور ہم منہ کے ذریعے کھانا پینا شروع کر دیتے ہیں۔ ایسے ہی کئی ایک تصورات محض دنیا کی زندگی کے مرحلے سے وابستہ ہیں جنت کی زندگی میں ان کا کوئی وجود نہیں مثلاً موت، بیماری، بڑھاپا، تکلیف، رنج و غم، نفرت و کدورت، حسد و دشمنی، برائی و بے ہودگی، گندگی، بے ہودہ کلام وغیرہ دنیا سے وابستہ ہیں۔ جنت کی زندگی میں ان کا کوئی تصور موجود نہیں۔ یہ اتنی اہم بات ہے کہ اگر یہ سمجھ میں آجائے تو جنت کی حیات کے بارے میں بہت سی باتیں سمجھنا بہت آسان ہو جاتا ہے۔

ہاں زوجین میں مباشرت کا تصور وہاں موجود ہے کیونکہ حلال دائرے میں رہ کر

مباشرت کرنا نہ ہی گناہ یا برائی ہے اور نہ ہی ناپسندیدہ ہے بلکہ فریقین کے لیے ایک نعمت اور جائز لطف ہے۔

زید بن ارقم رضی اللہ عنہ سے روایت ہے کہ رسول اللہ ﷺ کے پاس یہودی آئے اور پوچھا "اے ابا القاسم آپ کا یہ گمان ہے کہ جنت میں لوگ کھائیں پیئیں گے اور ان کی بیویاں ہوں گی؟" تو رسول اللہ ﷺ نے ارشاد فرمایا

"نعم والذي نفس محمد بيده إن أحدهم ليعطى قوة مائة رجل في الأكل والشرب والجماع"

ہاں اس کی قسم جس کے ہاتھ میں محمد کی جان ہے جنتی مردوں میں سے ہر ایک کو کھانے پینے اور ہم بستری کرنے میں ایک سو آدمیوں کے برابر قوت دی جائے گی۔

یہودی نے کہا "جو کھاتا پیتا ہے اسے (پیشاب پاخانے کی) حاجت ہوتی ہے اور جنت میں تو کوئی تکلیف (وہ معاملہ) نہیں ہے"

تو رسول اللہ ﷺ نے ارشاد فرمایا

"تکون حاجة أحدهم رشحا یفیض من جلودهم کرشح المسک فیضمر بطنه"

جنتی کی حاجت اس کی جلد سے بہنے والا مسک جیسا (خوشبودار) پسینہ ہو گا (جب وہ پسینہ نکلے گا) تو اس کا پیٹ فارغ ہو جائے گا

المعجم الکبیر، المعجم الاوسط، صحیح ابن حبان، حدیث، مسند احمد، امام الھیثمی نے مجمع الزوائد میں اسے صحیح قرار دیا۔

جنت کی زندگی کے بارے میں قرآن حکیم جنت کی بیویوں کی وہ خصوصیات بیان کرتا ہے جو ظاہری اور باطنی حسن کا کمال ہیں۔

***

اہل جنت کی بیویوں کی خصوصیات

نفرتوں، کدورتوں، حسد، گندگی، بےہودگی اور فاسد خیالات سے پاک بیویاں:

سورۃ النساء (۴)

وَالَّذِينَ آمَنُوا وَعَمِلُوا الصَّالِحَاتِ سَنُدْخِلُهُمْ جَنَّاتٍ تَجْرِي مِن تَحْتِهَا الْأَنْهَارُ خَالِدِينَ فِيهَا أَبَدًا لَّهُمْ فِيهَا أَزْوَاجٌ مُّطَهَّرَةٌ وَنُدْخِلُهُمْ ظِـلًّا ظَلِيلًا {۵۷}

اور جن لوگوں نے ہماری آیات کو مان لیا اور نیک عمل کیے اُن کو ہم ایسے باغوں میں داخل کریں گے جن کے نیچے نہریں بہتی ہوں گی، جہاں وہ ہمیشہ ہمیشہ رہیں گے اور ان کو پاکیزہ بیویاں ملیں گی اور انہیں ہم گھنی چھاؤں میں رکھیں گے۔

سورۃ البقرۃ (۲)

۔۔۔وَلَهُمْ فِيهَا أَزْوَاجٌ مُّطَهَّرَةٌ وَهُمْ فِيهَا خَالِدُونَ {۲۵}

اُن کے لیے وہاں پاکیزہ بیویاں ہوں گی، اور وہ وہاں ہمیشہ رہیں گے۔

بڑی بڑی آنکھوں والی، شرمیلی، نگاہیں بچانے والی، ہم عمر، ایسی حسین جیسے چھپا کر رکھے ہوئے ہیرے اور موتی، خوبصورت اور خوب سیرت بیویاں۔

سورۃ النبأ (۷۸)

إِنَّ لِلْمُتَّقِينَ مَفَازًا {۳۱} حَدَائِقَ وَأَعْنَابًا {۳۲} وَكَوَاعِبَ أَتْرَابًا {۳۳} وَكَأْسًا دِهَاقًا {۳۴} لَّا يَسْمَعُونَ فِيهَا لَغْوًا وَلَا كِذَّابًا {۳۵} جَزَاءً مِّن رَّبِّكَ عَطَاءً حِسَابًا {۳۶}

یقیناً متقیوں کے لیے کامرانی کا ایک مقام ہے، باغ اور انگور، اور نوخیز ہم سن لڑکیاں، اور چھلکتے ہوئے جام۔ وہاں کوئی لغو اور جھوٹی بات وہ نہ سنیں گے۔ جزا اور کافی انعام تمہارے رب کی طرف سے۔

سورۃ الصافات (۳۷)

وَعِندَهُمْ قَاصِرَاتُ الطَّرْفِ عِينٌ {۴۸} كَأَنَّهُنَّ بَيْضٌ مَّكْنُونٌ {۴۹}

اور ان کے پاس نگاہیں بچانے والی، خوبصورت آنکھوں والی عورتیں ہوں گی، ایسی نازک جیسے انڈے کے چھلکے کے نیچے چھپی ہوئی جھلّی۔

سورۃ الدخان (۴۴)

۔۔۔وَزَوَّجْنَاهُم بِحُورٍ عِينٍ {۵۴}

اور ہم گوری گوری آہو چشم عورتیں ان سے بیاہ دیں گے۔

سورۃ ص (۳۸)

وَعِندَهُمْ قَاصِرَاتُ الطَّرْفِ أَتْرَابٌ {۵۲}

اور ان کے پاس شرمیلی ہم سِن بیویاں ہوں گی۔

سورۃ الرحمن (۵۵)

فِيهِنَّ خَيْرَاتٌ حِسَانٌ {۷۰} فَبِأَيِّ آلَاءِ رَبِّكُمَا تُكَذِّبَانِ {۷۱}

ان نعمتوں کے درمیان خوب سیرت اور خوبصورت بیویاں۔ اپنے رب کے کن کن انعامات کو تم جھٹلاؤ گے؟

کنواریاں، اپنے شوہروں کی عاشق اور ہم عمر جنہیں ان کے خاوندوں سے پہلے کسی نے نہ چھوا ہو گا۔

سورۃ الواقعۃ (۵۶)

إِنَّا أَنشَأْنَاهُنَّ إِنشَاءً {۳۵} فَجَعَلْنَاهُنَّ أَبْكَارًا {۳۶} عُرُبًا أَتْرَابًا {۳۷}

ان کی بیویوں کو ہم خاص طور پر نئے سرے سے پیدا کریں گے اور انہیں کنواریاں بنادیں گے، اپنے شوہروں کی عاشق اور عمر میں ہم سِن۔

سورۃ الرحمن (۵۵)

فِيهِنَّ قَاصِرَاتُ الطَّرْفِ لَمْ يَطْمِثْهُنَّ إِنسٌ قَبْلَهُمْ وَلَا جَانٌّ {۵۶} فَبِأَيِّ آلَاءِ رَبِّكُمَا تُكَذِّبَانِ {۵۷} كَأَنَّهُنَّ الْيَاقُوتُ وَالْمَرْجَانُ {۵۸}

ان نعمتوں کے درمیان شرمیلی نگاہوں والیاں ہوں گی جنہیں ان جنتیوں سے پہلے کبھی کسی انسان یا جن نے نہ چھوا ہو گا۔ اپنے رب کے کن کن انعامات کو تم جھٹلاؤ گے ؟ ایسی خوبصورت جیسے ہیرے اور موتی۔

***

جنت کی حوریں

جنتی بیویوں کے علاوہ قرآن حکیم میں جنتیوں کے لیے حوروں کا ایک نعمت کے طور پر تذکرہ کیا گیا ہے اور یہ بتلایا گیا ہے کہ ان کو بھی اہل جنت کی زوجیت میں دیا جائے گا۔

سورۃ الواقعۃ (۵۶)

وَحُورٌ عِينٌ {۲۲} كَأَمْثَالِ اللُّؤْلُؤِ الْمَكْنُونِ {۲۳}

اور ان کے لیے خوبصورت آنکھوں والی حوریں ہوں گی، ایسی حسین جیسے چھپا کر رکھے ہوئے موتی۔

سورۃ الطور (۵۲)

۔۔۔وَزَوَّجْنَاهُم بِحُورٍ عِينٍ {۲۰}

اور ہم خوبصورت آنکھوں والی حوریں ان سے بیاہ دیں گے۔

سورۃ الرحمن (۵۵)

فِيهِنَّ خَيْرَاتٌ حِسَانٌ {۷۰} فَبِأَيِّ آلَاءِ رَبِّكُمَا تُكَذِّبَانِ {۷۱} حُورٌ مَّقْصُورَاتٌ فِي الْخِيَامِ {۷۲} فَبِأَيِّ آلَاءِ رَبِّكُمَا تُكَذِّبَانِ {۷۳} لَمْ يَطْمِثْهُنَّ إِنسٌ قَبْلَهُمْ وَلَا جَانٌّ {۷۴} فَبِأَيِّ آلَاءِ رَبِّكُمَا تُكَذِّبَانِ {۷۵}

ان نعمتوں کے درمیان خوب سیرت اور خوبصورت بیویاں۔ اپنے رب کے کن کن انعامات کو تم جھٹلاؤ گے ؟ خیموں میں ٹھیرائی ہوئی حوریں۔ اپنے رب کے کن کن انعامات کو تم جھٹلاؤ گے ؟ ان جنتیوں سے پہلے کبھی کسی انسان یا جن نے ان کو نہ چھوا ہو گا۔

جنتی بیویوں اور حوروں کے بارے میں یہ آیات پڑھ کر یوں لگتا ہے جیسے اہل جنت کی بیویاں جو دنیا کی عورتیں ہوں گی تو ان کے ساتھ ملکہ کی حیثیت سے محلوں میں رہیں گی جبکہ ان کی سیر گاہوں میں ان کی بیویاں خیموں میں ٹھہرائی ہوئی جوان و حسین و جمیل حوریں ہوں گی۔ یہ بھی ہو سکتا ہے کہ یہ وہ معصوم لڑکیاں ہوں جو بلوغت سے پہلے ہی فوت ہو گئیں اور جن کے والدین جنت کے مستحق نہ ہو سکے کہ وہ ان کی اولاد کی حیثیت سے ان کے ساتھ رہتیں۔ اور اللہ انہیں حسین و جمیل لڑکیاں یعنی حوریں بنا کر جنت میں رکھے۔ (واللہ اعلم بالصواب)

بہر حال جنت کی عورتیں اور حوریں شرم و حیا کی بہترین نسوانی صفات سے متصف اپنے شوہروں کی چاہنے والیاں ہوں گی اور ان کے حسن و جمال کا یہ عالم ہو گا کہ:

سیدنا انس بن مالکؓ کہتے ہیں کہ نبی ﷺ نے فرمایا: "اگر اہل جنت میں سے کوئی عورت زمین والوں کی طرف جھانک لے تو وہ تمام فضا کو جو آسمان و زمین کے درمیان ہے ، روشن کر دے اور اس کو خوشبو سے بھر دے اور بے شک اس کا دوپٹہ جو اس کے سر پر ہے۔ تمام دنیا والوں اور جو کچھ اس میں ہے سے بہتر ہے۔"

(بخاری)

حوروں ہی کے تعلق سے ایک سوال کچھ لوگ یہ کرتے ہیں کہ "جی مردوں کے لیے تو حوریں ہوں گی عورتوں کے لیے کیا ہو گا؟"

اس سوال کے دو معنی ہیں۔ ایک تو سیدھا سادہ یہ ہے کہ جنتی عورتوں کی زندگی کیسی ہو گی، ان کا جوڑا ہو گا یہ نہیں اور اگر ہو گا تو کون ہو گا؟

اگر اس سوال کا مطلب یہ ہے تو جواب واضح ہے کہ ان کے لیے خاوند ہوں گے جن کی وہ عاشق ہوں گی۔ قرآن حکیم میں لفظ "زوج" استعمال کیا گیا ہے جس کے لفظی معنی سپاؤز spouse کے ہیں یعنی بیوی کے لیے خاوند اور خاوند کے لیے بیوی۔ اس کا جواب ہم اوپر تفصیل سے پڑھ آئے ہیں کہ جنت میں بغیر جوڑے کے کوئی نہ ہو گا اور کس طرح خدائی انتظام کے ذریعے ان کی رضامندی سے اہل جنت مرد اور عورتوں کو رشتۂ ازدواج میں منسلک کیا جائے گا۔ تو سیدھا جواب یہ ہے کہ جس طرح جنتی مردوں کے لیے ان کی جنتی بیویاں ہوں گی جو اہل دنیا میں سے ہوں گی اسی طرح ہر جنتی عورت کے لیے اس کا اپنا شوہر ہو گا۔ گویا جنتی مرد اگر وہاں اپنی جنت کا بادشاہ ہو گا تو اس کی ملکہ اس کی بیوی ہو گی۔

اس سوال کا دوسرا معنی کج فہمی پر مشتمل ہے اور یہ کچھ بیمار ذہن لوگوں کی سوچ کی پیداوار ہے کہ جنت میں مردوں کی "عیاشی" کے لیے تو حوریں ہوں گی عورتوں کی "عیاشی" کے لیے کیا ہو گا۔ اس معنی کے ساتھ یہ سوال کرنے والے حقیقتاً انتہائی نادان اور جنت کی زندگی کے بارے میں کچھ بھی نہ جاننے والے لوگ ہیں اور انہی میں سے بعض کے نزدیک جنت غلیظ شرابیوں کا مئے کدہ اور عیاشی کا اڈہ ہے۔ کاش انہیں یہ معلوم ہو کہ جنت اللہ کی عظیم الشان نعمت اور سلامتی کا وہ گھر ہے جہاں انسانیت کے بہترین لوگ یعنی

انبیاء، صدیقین، شہدا، صالحین اور ان کے پاکیزہ رفقاء رہتے ہیں۔ جہاں کسی نفرت و کدورت یا برائی اور بے ہودگی کا سرے سے وجود ہی نہیں۔ جہاں ادنی ترین جنتی کی عزت، بادشاہی اور نعمتوں کا بھی وہ مرتبہ اور مقام ہے کہ دنیا کا کوئی بڑے سے بڑے بادشاہ بھی اس کا تصور تک بھی نہیں کر سکتا۔

اب ایسے بادشاہوں کی نفرت و کدورت اور برائیوں سے پاک ان کی عاشق بیویوں سے کون یہ توقع کر سکتا ہے کہ رب کی رضا کی جنت میں پہنچنے کے بعد بھی، اپنے اللہ کی طرف سے بہترین جوڑ عطا کیے جانے کے بعد، انہیں بھی اپنے خاوندوں کے علاوہ کسی دوسرے کی ضرورت ہو گی جبکہ ان کے اپنے خاوند ان کے ہم عمر جوان ہوں اور ان کی ہر جسمانی اور مادی ضرورت بدرجۂ اتم پوری کی جا رہی ہو۔ حقیقت یہ ہے کہ جنتی بیویوں کے دل میں اللہ صرف ان کے خاوندوں کا عشق بٹھا دے گا اور وہ صرف اپنے خاوندوں کی مشتاق ہوں گی۔ آپ کسی عاشق سے پوچھ دیکھیے کہ کیا اسے اپنے محبوب کے سوا کسی دوسرے کی کوئی خواہش ہوتی ہے؟ دنیا میں ہی، جہاں برائی کا امکان بہر حال موجود ہے، ذرا کسی صاحب کردار عزت دار عورت سے جو اپنے شوہر کی عاشق ہو پوچھ دیکھیں کہ اس کی خوشی کس میں ہے اپنے خاوند میں یا کہیں اور۔

نعوذ باللہ من ذلک کیسی بدگمانی ہے ایسی عظیم الشان جنت کے وارث خاوندوں کی اہل جنت بیویوں کے بارے میں کہ انہیں بھی اپنے خاوندوں کے علاوہ کچھ درکار ہو گا جبکہ ہم یہ پڑھ چکے ہیں کہ جنت میں داخل کیے جانے سے پہلے ہی ہر جنتی کی ہر برائی اس سے دور کر دی جائے گی اور جنتی عورتوں میں ایسی بے حیا کوئی نہ ہو گی جو اپنے خاوند کے علاوہ کچھ اور چاہے۔ جنتی بیویاں ہوں یا حوریں ہوں قَاصِرَاتُ الطَّرْفِ ہوں گی یعنی شرم و حیا کا پیکر، نگاہیں بچانے والیاں جنہیں صرف اپنے ہی خاوندوں سے عشق ہو گا وہ نہ کسی اور کو

دیکھنا گوارا کریں گی اور نہ ہی یہ چاہیں گی کہ کوئی اور انہیں دیکھے۔

***

والدین اور اولاد کا ملا دیا جانا

والدین اور اولاد ہی خاندان کی اکائی ہیں۔ والدین اولاد سے اور اولاد والدین سے دور ہوں تو نعمتوں کا حسن و لطف برقرار نہیں رہتا۔ جنت نعمتوں کا گھر ہے وہاں بھی والدین اور اولاد دونوں کی آنکھیں ٹھنڈی کرنے کے اللہ جنتی والدین اور اولاد کو باہم اکٹھا کر دے گا۔ اور یہ جنت کی زندگی کی ایک اور بہت ہی بڑی نعمت ہے۔ ہاں شرط یہ ہے کہ والدین بھی جنتی ہوں اور اولاد بھی جنتی ہوں۔ یعنی ہر ایک اپنے اپنے ایمان و عمل کی بنا پر جنت میں پہنچا ہو۔ وگرنہ جنت میں پہنچانے کے لیے رشتہ داری نہیں چلے گی۔ جو اپنی کمائی سے جہنم کا مستحق ہو گیا اسے باپ دادا یا اولاد کی خاطر جنت میں نہ پہنچایا جائے گا۔ کیونکہ انہی آیات کے ساتھ یہ تذکرہ آرہا ہے کہ کُلُّ امْرِئٍ بِمَا کَسَبَ رَهِينٌ ہر شخص اپنے کسب کے عوض رہن ہے۔ ہاں جو اپنے ایمان و عمل کی بنا پر وہاں پہنچ گیا اس پر اللہ کا مزید کرم یہ ہو گا کہ والدین اور اولاد میں سے جس کا مرتبہ اعلیٰ ہو گا سب کو وہی درجہ دیا جائے گا تاکہ خوشیوں کے لیے سارے اکٹھے رہیں لیکن اکٹھے رہنے کے باعث کسی کے اجر میں کوئی کمی یا گھاٹا نہ ہو۔ یاد رہے کہ یہ اس اولاد کا تذکرہ ہے جو بالغ ہوئی اور جس نے اپنے اختیار اور ارادے سے ایمان لاکر عمل صالح کیے اور جنت کے مستحق ہوئی رہی جنتیوں کی وہ اولاد جو بلوغت کو پہنچنے سے پہلے ہی مر گئی تھی تو وہ تو بہر حال جنت ہی میں جائے گی اور اپنے جنتی والدین ہی کے ساتھ رہے گی۔

آیات ملاحظہ ہوں:

سورۃ الطور (۵۲)

وَالَّذِينَ آمَنُوا وَاتَّبَعَتْهُمْ ذُرِّيَّتُهُم بِإِيمَانٍ أَلْحَقْنَا بِهِمْ ذُرِّيَّتَهُمْ وَمَا أَلَتْنَاهُم مِّنْ عَمَلِهِم مِّن شَيْءٍ كُلُّ امْرِئٍ بِمَا كَسَبَ رَهِينٌ {۲۱}

جو لوگ ایمان لائے ہیں اور ان کی اولاد بھی کسی درجۂ ایمان میں ان کے نقش قدم پر چلی ہے ان کی اس اولاد کو بھی ہم (جنت میں) ان کے ساتھ ملا دیں گے اور ان کے عمل میں کوئی گھاٹا ان کو نہ دیں گے۔ ہر شخص اپنے کسب کے عوض رہن ہے۔

سورۃ الرعد (۱۳)

جَنَّاتُ عَدْنٍ يَدْخُلُونَهَا وَمَنْ صَلَحَ مِنْ آبَائِهِمْ وَأَزْوَاجِهِمْ وَذُرِّيَّاتِهِمْ۔۔۔ {۲۳}

یعنی ایسے باغ جو اُن کی ابدی قیام گاہ ہوں گے۔ وہ خود بھی ان میں داخل ہوں گے اور اُن کے آباؤ اجداد اور اُن کی بیویوں اور اُن کی اولاد میں سے جو جو صالح ہیں وہ بھی اُن کے ساتھ وہاں جائیں گے۔

قرآن حکیم میں حاملین عرش فرشتوں کی مومنین کے حق میں یہ دعا بھی مذکور ہے جس میں وہ اللہ سے یہ دعا کرتے ہیں کہ:

سورۃ غافر (۴۰)

رَبَّنَا وَأَدْخِلْهُمْ جَنَّاتِ عَدْنٍ الَّتِي وَعَدتَّهُمْ وَمَن صَلَحَ مِنْ آبَائِهِمْ وَأَزْوَاجِهِمْ وَذُرِّيَّاتِهِمْ إِنَّكَ أَنتَ الْعَزِيزُ الْحَكِيمُ {۸}

اے ہمارے رب، اور داخل کر ان کو ہمیشہ رہنے والی اُن جنتوں میں جن کا تو نے ان سے وعدہ کیا ہے۔ اور ان کے والدین اور بیویوں اور اولاد میں سے جو صالح ہوں (اُن کو بھی وہاں اُن کے ساتھ ہی پہنچا دے)۔ تو بلا شبہ قادرِ مطلق اور حکیم ہے۔

جیسا ہم نے اوپر پڑھا اہل جنت کے حق میں یہ دعا اللہ رب العالمین قبول فرمائے گا۔ اللہ ہمیں بھی اس دعا میں حصہ دار بنائے، ہمیں بھی اپنے آباء و والدین اور اولاد کے ساتھ وہاں جمع فرمائے اور اپنے پیاروں کے ساتھ اکٹھے رہنے کی نعمت عطا فرمائے۔ یہ بھی نہ بھولیے کہ آباء و اجداد ہوں، والدین یا اولاد، وہاں سارے ہی جوان ہوں گے اور ہم عمر ہوں گے بوڑھا کوئی نہ ہو گا۔ اور یہ ہو گی اس نعمت پر ایک اور نعمت۔ دنیا میں اس نعمت سے کس طرح آنکھیں ٹھنڈی ہوتی ہیں اس کا اندازہ وہی لوگ کر سکتے ہیں جن کی شادیاں وقت پر ہوئی ہوں اور جن کی اولاد ان کی جوانی میں ہی جوان ہو جائے اور ان کے ساتھ چلنے پھرنے لگے۔

بس ہمیں یہ خیال رہے کہ کہیں جنت میں والدین اور اولاد کے ساتھ اکٹھے رہنے کی یہ نعمت چھن نہ جائے اسی لیے قرآن اس پر زور دیتا ہے کہ جس جنت میں خود جانا چاہتے ہو وہیں اپنے پیاروں کو بھی پہنچانے کی کوشش کرو:

سورۃ التحریم (٦٦)

يَا أَيُّهَا الَّذِينَ آمَنُوا قُوا أَنفُسَكُمْ وَأَهْلِيكُمْ نَارًا وَقُودُهَا النَّاسُ وَالْحِجَارَةُ عَلَيْهَا مَلَائِكَةٌ غِلَاظٌ شِدَادٌ لَّا يَعْصُونَ اللَّهَ مَا أَمَرَهُمْ وَيَفْعَلُونَ مَا يُؤْمَرُونَ {٦}

اے لوگو جو ایمان لائے ہو، بچاؤ اپنے آپ کو اور اپنے اہل و عیال کو اُس آگ سے جس کا ایندھن انسان اور پتھر ہوں گے، جس پر نہایت تُند خو اور سخت گیر فرشتے مقرر ہوں گے جو کبھی اللہ کے حکم کی نافرمانی نہیں کرتے اور جو حکم بھی انہیں دیا جاتا ہے اُسے بجالاتے ہیں۔

***

اہل جنت کی محفلیں

جنت کی معاشرتی زندگی کی نعمتوں میں ایک نعمت یہ بھی ہوگی کہ وہاں اپنے جنتی احباب سے ملاقاتیں اور محفلیں ہوں گی۔ غور فرمایئے کہ اللہ الْحَیُّ الْقَیُّومُ یعنی زندہ اور قائم رہنے والی مبارک ہستی ہے اور اس کی محبت و اطاعت کی بنا پر جو تعلق قائم ہوتا ہے وہ اس دنیا میں بھی مضبوط ترین تعلق ہے اور آخرت میں بھی قائم رہے گا بلکہ حدیث مبارکہ میں تو یہ فرمایا گیا ہے کہ آدمی انہی کے ساتھ اٹھایا جائے گا جن سے وہ محبت کرتا ہے۔ اور قرآن حکیم قیامت کے ہولناک مناظر کے بیان میں اہل ایمان کے رشتے کے بارے میں یہ فرماتا ہے کہ اَلْاَخِلَّاءُ یَوْمَئِذٍ بَعْضُهُمْ لِبَعْضٍ عَدُوٌّ اِلَّا الْمُتَّقِیْنَ "اس روز متقین کو چھوڑ کر باقی سب دوست ایک دوسرے کے دشمن ہو جائیں گے۔" جبکہ کافر کہے گا کہ یٰوَیْلَتٰی لَیْتَنِیْ لَمْ اَتَّخِذْ فُلَانًا خَلِیْلًا "ہائے میری بربادی، کاش میں نے اس شخص کو دوست نہ بنایا ہوتا" اور پھر یہ جہنمی جہنم میں یہ آپس میں جھگڑیں گے وَهُمْ فِیْهَا یَخْتَصِمُوْنَ اور کہیں گے رَبَّنَا مَنْ قَدَّمَ لَنَا هٰذَا فَزِدْهُ عَذَابًا ضِعْفًا فِی النَّارِ "اے ہمارے رب، جس نے ہمیں اس انجام کو پہنچانے کا بندوبست کیا اُس کو دوزخ کا دوہرا عذاب دے۔" اور پچھتائیں گے کہ یٰلَیْتَنَآ اَطَعْنَا اللّٰهَ وَاَطَعْنَا الرَّسُوْلَا "کاش ہم نے اللہ اور رسول کی اطاعت کی ہوتی۔"

اب ایک طرف جہاں اہل جہنم مبتلائے عذاب ہوں گے، ایک دوسرے پر لعن طعن کر رہے ہوں گے وَیَلْعَنُ بَعْضُكُمْ بَعْضًا، آپس میں جھگڑ رہے ہوں گے اِنَّ ذٰلِكَ لَحَقٌّ تَخَاصُمُ اَهْلِ النَّارِ (بے شک یہ بات سچ ہے، اہلِ دوزخ میں یہی کچھ جھگڑے ہونے والے ہیں)، حسرتوں، ندامتوں اور پچھتاوے سے یٰلَیْتَنَا، یٰلَیْتَنِیْ کاش، کاش، کاش کہہ رہے ہوں گے وہیں دوسری طرف یہ نقشہ ہوگا کہ اہل جنت اونچی مسندوں، سجے ہوئے مرصع

تختوں اور نفیس فرشوں پر تکیے لگائے بیٹھے جنت کی نعمتوں سے لطف اندوز ہو رہے ہوں گے ، باہم ملاقاتیں و بات چیت کر رہے ہوں گے اور دنیا کے دنوں کو یاد کرتے ہوں گے۔ چلیے یہ سارے مناظر بھی قرآن کے آئینے میں دیکھ لیتے ہیں اور آغاز جنت کے وارثوں کی نشست گاہوں سے کرتے ہیں:

***

اہل جنت کی نشست گاہیں

سورۃ الغاشیۃ (۸۸)

فِيهَا سُرُرٌ مَّرْفُوعَةٌ {۱۳} وَأَكْوَابٌ مَّوْضُوعَةٌ {۱۴} وَنَمَارِقُ مَصْفُوفَةٌ {۱۵} وَزَرَابِيُّ مَبْثُوثَةٌ {۱۶}

اُس کے اندر اونچی مسندیں ہوں گی، ساغر رکھے ہوئے ہوں گے ، گاؤ تکیوں کی قطاریں لگی ہوں گی اور نفیس فرش بچھے ہوئے ہوں گے۔

سورۃ المطففین (۸۳)

إِنَّ الْأَبْرَارَ لَفِي نَعِيمٍ {۲۲} عَلَى الْأَرَائِكِ يَنظُرُونَ {۲۳} تَعْرِفُ فِي وُجُوهِهِمْ نَضْرَةَ النَّعِيمِ {۲۴}

بے شک نیک لوگ بڑے مزے میں ہوں گے ، اونچی مسندوں پر بیٹھے نظارے کر رہے ہوں گے ، ان کے چہروں پر تم خوشحالی کی رونق محسوس کرو گے۔

سورۃ الرحمن (۵۵)

مُتَّكِئِينَ عَلَى فُرُشٍ بَطَائِنُهَا مِنْ إِسْتَبْرَقٍ وَجَنَى الْجَنَّتَيْنِ دَانٍ {۵۴}

جنتی لوگ ایسے فرشتوں پر تکیے لگا کے بیٹھیں گے جن کے استر دبیز ریشم کے ہوں گے، اور باغوں کی ڈالیاں پھلوں سے جھکی پڑ رہی ہوں گی۔

سورۃ الرحمن (۵۵)

مُتَّكِئِينَ عَلَى رَفْرَفٍ خُضْرٍ وَعَبْقَرِيٍّ حِسَانٍ {٧٦}

وہ جنتی سبز قالینوں اور نفیس ونادر فرشوں پر تکیے لگا کے بیٹھیں گے۔

سورۃ الواقعۃ (۵٦)

عَلَى سُرُرٍ مَّوْضُونَةٍ {۱۵} مُتَّكِئِينَ عَلَيْهَا مُتَقَابِلِينَ {۱٦}

مرصع تختوں پر تکیے لگائے آمنے سامنے بیٹھیں گے۔

سورۃ الواقعۃ (۵٦)

وَفُرُشٍ مَّرْفُوعَةٍ {۳۴}

اونچی نشست گاہوں میں ہوں گے۔

سورۃ الطور (۵۲)

مُتَّكِئِينَ عَلَى سُرُرٍ مَّصْفُوفَةٍ۔۔۔ {۲۰}

وہ آمنے سامنے بچھے ہوئے تختوں پر تکیے لگائے بیٹھے ہوں گے

سورۃ ص (۳۸)

مُتَّكِئِينَ فِيهَا يَدْعُونَ فِيهَا بِفَاكِهَةٍ كَثِيرَةٍ وَشَرَابٍ {۵۱}

ان میں وہ تکیے لگائے بیٹھے ہوں گے، خوب خوب فواکہ اور مشروبات طلب کر رہے ہوں گے۔

سورۃ الطور (۵۲)

يَتَنَازَعُونَ فِيهَا كَأْسًا لَّا لَغْوٌ فِيهَا وَلَا تَأْثِيمٌ {۲۳}

وہ ایک دوسرے سے جام شراب لپک لپک کر لے رہے ہوں گے جس میں نہ یاوہ گوئی ہوگی نہ بدکرداری۔

***

اہل جنت کے خدمتگار لڑکے

اب جہاں قرآن حکیم میں جنتیوں کے اس باہم مل بیٹھنے کا اور گفتگو کا ذکر ہے وہیں ان کے خدمتگاروں کا تذکرہ بھی ہے جو خوبصورت لڑکے ہوں گے جو ہمیشہ لڑکے ہی رہیں گے اور ایسے حسین ہوں گے جیسے بکھرے ہوئے موتی ہوں۔

سورۃ الواقعۃ (۵۶)

عَلَىٰ سُرُرٍ مَّوْضُونَةٍ {۱۵} مُّتَّكِئِينَ عَلَيْهَا مُتَقَابِلِينَ {۱۶} يَطُوفُ عَلَيْهِمْ وِلْدَانٌ مُّخَلَّدُونَ {۱۷} بِأَكْوَابٍ وَأَبَارِيقَ وَكَأْسٍ مِّن مَّعِينٍ {۱۸} لَا يُصَدَّعُونَ عَنْهَا وَلَا يُنزِفُونَ {۱۹}

مرصع تختوں پر تکیے لگائے آمنے سامنے بیٹھیں گے۔ اُن کی مجلسوں میں اَبدی لڑکے شرابِ چشمۂ جاری سے لبریز پیالے اور کنڑ اور ساغر لیے دوڑتے پھرتے ہوں گے جسے پی کر نہ اُن کا سر چکرائے گا نہ اُن کی عقل میں فتور آئے گا۔

سورۃ الإنسان (۷۶)

وَيَطُوفُ عَلَيْهِمْ وِلْدَانٌ مُّخَلَّدُونَ إِذَا رَأَيْتَهُمْ حَسِبْتَهُمْ لُؤْلُؤًا مَّنثُورًا {۱۹}

ان کی خدمت میں ایسے لڑکے دوڑتے پھر رہے ہوں گے جو ہمیشہ لڑکے ہی رہیں گے۔ تم انہیں دیکھو تو سمجھو کہ موتی ہیں جو بکھیر دیے گئے ہیں۔

سورۃ الطور (۵۲)

وَيَطُوفُ عَلَيْهِمْ غِلْمَانٌ لَّهُمْ كَأَنَّهُمْ لُؤْلُؤٌ مَّكْنُونٌ {۲۴}

اور ان کی خدمت میں وہ لڑکے دوڑتے پھر رہے ہوں گے جو انہی (کی خدمت) کے لیے مخصوص ہوں گے، ایسے خوبصورت جیسے چھپا کر رکھے ہوئے موتی۔

قرآن حکیم میں اکثر مقامات پر جہاں جنتیوں کی ایسی محفلوں کا ذکر کیا گیا جن میں وہ اپنے اہل ایمان دوست احباب سے ملاقاتیں کریں گے تو وہاں ان خدمتگار لڑکوں کا ذکر بھی کیا گیا۔ معلوم ہوا کہ وہاں خدمت کے لیے ہر جنتی کے خدمتگار لڑکے ہوں گے جو اسی (کی خدمت) کے لیے مخصوص ہوں گے جیسا کہ دنیا میں بادشاہوں کے خدمتگار ہوتے ہیں۔ یہ خدمتگار اس کی خدمت اس کے محلوں اور قیام گاہوں میں بھی کریں گے اور جب اس کے مہمان آئیں گے تو ان کی ملاقات اور خدمت کے لیے جو محفلیں ہوں گی ان میں بھی وہی لڑکے اس کے مہمانوں کی خدمت کریں گے۔ گویا شاہی محفلوں میں شاہی مہمانوں کی خدمت کے لیے شاہی خدمتگار۔

ایک بات اور ان آیات سے یہ معلوم ہوتی ہے کہ جنت میں غیر محرم مردوں اور عورتوں کی مخلوط محفلیں نہیں ہوں گی۔ کیونکہ قرآن میں جہاں بھی اہل جنت کی اپنے دوست احباب سے ملاقات و گفتگو کا ذکر آیا ہے وہاں خدمتگاروں کے طور پر ان لڑکوں کا تذکرہ کیا گیا۔ جنت سلامتی کا گھر ہے اور فطرت سلیم کی ہر خواہش وہاں پوری کی جائے گی۔ بیویاں اور حوریں جس جنتی کے نکاح میں دی جائیں گی وہ صرف اسی کے لیے مخصوص ہوں گی اور وہ قَاصِرَاتُ الطَّرْفِ یعنی نگاہیں بچانے والیاں ہوں گی۔ فطرت اگر اپنی اصل پر قائم ہو تو کوئی مرد کبھی یہ نہیں چاہتا کہ اس کی بیوی غیر محرم لوگوں کے سامنے جائے اور عورت کی حیا کی فطرت اگر باقی ہو تو وہ کبھی یہ پسند نہیں کرتی کہ غیر نظریں اسے دیکھیں۔ فطرت کی اس مانگ کے مطابق نہ تو ان کے خاوند یہ چاہیں گے اور

نہ ہی ان کی اپنی خواہش یہ ہوگی کہ کسی ایسی محفل میں جائیں جہاں ایسے لوگ موجود ہوں جو دنیا میں ان کے غیر محرم رہے ہوں۔ جنت اسلام کا معاشرہ ہے جہاں سلامتی ہی سلامتی ہے اور کسی فتنے کا کوئی اندیشہ نہیں اسی لیے وہاں گناہوں سے پاک جنتیوں کے پاکیزہ مہمانوں کی خدمت بھی یہ پاکیزہ لڑکے کریں گے جن کا اوپر ذکر آیا۔(واللہ اعلم بالصواب)

(تفہیم القرآن سے اس کے متعلق ایک اقتباس)

حضرت علی رضی اللہ عنہ اور حضرت حسن بصری فرماتے ہیں کہ یہ اہل دنیا کے وہ بچے ہیں جو بالغ ہونے سے پہلے مر گئے، اس لیے نہ ان کی کچھ نیکیاں ہوں گی کہ ان کی جزا پائیں اور نہ بدیاں ہوں گی کہ ان کی سزا پائیں۔ لیکن ظاہر بات ہے کہ اس سے مراد صرف وہی اہل دنیا ہو سکتے ہیں جن کی جنت نصیب نہ ہوئی ہو۔ رہے مومنین صالحین، تو ان کے بارے میں اللہ تعالی نے خود قرآن میں یہ ضمانت دی ہے کہ ان کی ذریت ان کے ساتھ جنت میں لا ملائی جائے گی(الطور، آیت ۲۱)اسی کی تائید اس حدیث سے ہوتی ہے جو ابو داؤد طیالسی، طبرانی، بزار نے حضرت انس رضی اللہ عنہ اور حضرت سمرہ رضی اللہ عنہ بن جندب سے نقل کی ہے۔اس میں نبی ﷺ کا ارشاد ہے کہ مشرکین کے بچے اہل جنت کے خادم ہوں گے۔

یہ روایات اگرچہ سنداً ضعیف ہیں، لیکن متعدد دوسری احادیث سے معلوم ہوتا ہے کہ جو بچے سن رشد کو نہیں پہنچے وہ جنت میں جائیں گے۔ پھر یہ بھی احادیث سے معلوم ہوتا ہے کہ جن بچوں کے والدین جنتی ہوں گے وہ اپنے ماں باپ کے ساتھ رہیں گے تاکہ ان کی آنکھیں ٹھنڈی ہوں۔ اس کے بعد لامحالہ وہ بچے رہ جاتے ہیں جن کے ماں باپ جنتی نہ ہوں۔ سو ان کے متعلق یہ بات معقول معلوم ہوتی ہے کہ وہ اہل جنت کے خادم بنا

دیے جائیں۔(واللہ اعلم بالصواب)

اس کے متعلق تفصیلی بحث کے لیے ملاحظہ ہو فتح الباری اور عمدۃ القاری، کتاب الجنائز، باب ماقیل فی اولاد المشرکین رسائل ومسائل، جلد سوم، صفحہ ۱۷۷تا۱۸۷)

(تفہیم القرآن از سید ابو الاعلیٰ مودودی رحمہ اللہ تفسیر سورہ واقعہ حاشیہ ۹، تفسیر سورۃ صافات حاشیہ ۲۶)

* * *

اہل جنت کی باہم گفتگو

اب ذرا اہل جنت کی ان گفتگوؤں پر ایک نظر ڈالیے جو وہ اپنی ملاقاتوں میں کریں گے۔ ہمارے سامنے قرآن یہ منظر پیش کرتا ہے کہ جہاں اہل جنت ایک طرف نفرت و کدورت سے پاک، بھائی بھائی بنے، اعلیٰ ترین نشست گاہوں اور سجائے گئے تختوں پر بیٹھ کر مختلف نعمتوں سے لطف اندوز ہو رہے ہوں گے وہیں وہ باہم پاکیزہ بات چیت بھی کر رہے ہوں گے، دنیا کی آزمائش کے دنوں کو یاد کرتے ہوں گے اور عظیم الشان جنت عطا کیے جانے پر اللہ کی حمد و ثنا کر رہے ہوں گے۔ آیت ملاحظہ ہوں۔

سورۃ الحجر (۱۵)

وَنَزَعْنَا مَا فِي صُدُورِهِم مِّنْ غِلٍّ إِخْوَانًا عَلَىٰ سُرُرٍ مُّتَقَابِلِينَ {۴۷}

اُن کے دلوں میں جو تھوڑی بہت کھوٹ کپٹ ہوگی اسے ہم نکال دیں گے، وہ آپس میں بھائی بھائی بن کر آمنے سامنے تختوں پر بیٹھیں گے۔

سورۃ الواقعۃ (۵۶)

لَا یَسْمَعُونَ فِیهَا لَغْوًا وَلَا تَأْثِیمًا {۲۵} إِلَّا قِیلًا سَلَامًا سَلَامًا {۲۶}

وہاں وہ کوئی بیہودہ کلام یا گناہ کی بات نہ سنیں گے جو بات بھی ہو گی ٹھیک ہو گی۔

سورۃ الطور (۵۲)

وَأَقْبَلَ بَعْضُهُمْ عَلَى بَعْضٍ یَتَسَاءَلُونَ {۲۵} قَالُوا إِنَّا كُنَّا قَبْلُ فِي أَهْلِنَا مُشْفِقِینَ {۲۶} فَمَنَّ اللَّهُ عَلَیْنَا وَوَقَانَا عَذَابَ السَّمُومِ {۲۷} إِنَّا كُنَّا مِن قَبْلُ نَدْعُوهُ إِنَّهُ هُوَ الْبَرُّ الرَّحِیمُ {۲۸}

یہ لوگ آپس میں ایک دوسرے سے (دنیا میں گزرے ہوئے) حالات پوچھیں گے۔ یہ کہیں گے کہ ہم پہلے اپنے گھر والوں میں ڈرتے ہوئے زندگی بسر کرتے تھے، آخر کار اللہ نے ہم پر فضل فرمایا اور ہمیں جھلسا دینے والی ہوا کے عذاب سے بچا لیا۔ ہم پچھلی زندگی میں اُسی سے دعائیں مانگتے تھے، وہ واقعی بڑا ہی محسن اور رحیم ہے۔

سورۃ یونس (۱۰)

دَعْوَاهُمْ فِیهَا سُبْحَانَكَ اللَّهُمَّ وَتَحِیَّتُهُمْ فِیهَا سَلَامٌ وَآخِرُ دَعْوَاهُمْ أَنِ الْحَمْدُ لِلَّهِ رَبِّ الْعَالَمِینَ {۱۰}

وہاں ان کی صدا یہ ہو گی کہ "پاک ہے تو اے خدا"، اُن کی دعا یہ ہو گی کہ "سلامتی ہو" اور ان کی ہر بات کا خاتمہ اس پر ہو گا کہ "ساری تعریف اللہ رب العالمین ہی کے لیے ہے۔"

چونکہ جنتیوں کی ملاقاتوں اور محفلوں کا تذکرہ چل رہا ہے اس لیے اس موقع پر مناسب ہو گا کہ وہ احادیث بھی پڑھ لی جائیں جن میں جنت کے بازاروں کا ذکر ہے:

حضرت انس بن مالک رضی اللہ عنہ بیان فرماتے ہیں کہ رسول ﷺ نے ارشاد فرمایا کہ جنت میں ایک بازار ہے جس میں جنتی لوگ ہر جمعہ کو آیا کریں گے، پھر شمالی ہوا

چلائی جائے گی جو کہ وہاں کا گرد و غبار (جو کہ مشک و زعفران کی صورت میں ہو گا) جنتیوں کے چہروں اور کپڑوں پر اڑا کر ڈال دے گی جس سے جنتیوں کے حسن و جمال میں اور اضافہ ہو جائے گا، پھر جب وہ اس حالت میں واپس اپنے گھر والوں کے پاس آئیں گے کہ ان کا حسن و جمال زیادہ بڑھ چکا ہو گا تو ان کے اہل خانہ ان سے کہیں گے کہ ہمارے پاس سے جانے کے بعد تو تم اور بھی زیادہ حسین و جمیل ہو گئے ہو تو وہ جواب میں کہیں گے کہ خدا کی قسم ہمارے جانے کے بعد تمہارے حسن و جمال میں بھی تو اور اضافہ ہو گیا ہے۔

(صحیح مسلم)

اسی مضمون کی ایک طویل حدیث ابن ماجہ میں حضرت ابو ہریرہ رضی اللہ عنہ سے روایت ہے جس میں اللہ تعالی کی زیارت اور ملاقات کا ذکر ہے۔ اور پھر یہ ذکر ہے کہ اس ملاقات کے بعد ایک بادل ان جنتیوں کو ڈھانپ لے گا اور ان پر ایسی خوشبو برسائے گا جس کی مہک پہلے کبھی نہ پائی گئی ہو گی۔ پھر یہ جنتی اس بازار میں سے بغیر خرید و فروخت کے ایسی چیزیں لیں گے جو نہ پہلے دیکھی گئی ہوں گی، نہ سنی گئی ہوں گی اور نہ ہی کسی دل میں ان کا خیال گزرا ہو گا۔ اس بازار میں اہل جنت ایک دوسرے سے ملیں گے۔ پھر واپس آئیں گے تو ان کی بیویاں ان سے کہیں گی کہ تمہارا حسن و جمال اور خوشبو پہلے سے کہیں زیادہ ہو گئی ہے، وہ جواباً کہیں گے کہ ہمیں ایسا ہی ہونا چاہیے کیونکہ ہم اپنے پروردگار سے مل کر آ رہے ہیں۔

اللہ سے دعا کیجیے کہ اللہ ہمیں بھی جنت کی یہ محفلیں نصیب فرمائے اور انبیاء، صدیقین، شہداء اور صالحین کے ساتھ جنت کے ان بازاروں میں جمع فرمائے۔ (آمین)

***

اہل جنت کی اہل جہنم سے گفتگو

دنیا میں جاہل اور گمراہ لوگ اہل ایمان کا مذاق ضرور ہی اڑاتے ہیں حتی کہ انسانیت کے چنے ہوئے بہترین لوگوں اور عزت و شرف انسانی کے پیکروں یعنی رسولوں اور انبیاء علیہم السلام کا بھی مذاق اڑایا گیا اور ان کو بھی نشانۂ تضحیک بنایا گیا۔ایک دوسرا منظر جنتیوں کی گفتگوؤں کا قرآن میں یہ بیان گیا ہے کہ وہ اہل جہنم سے بھی گفتگو کریں گے۔اور انہیں دنیا کی باتیں یاد دلائیں گے اور یہ بھی کہ کیا رب کے وعدے سچے نہیں نکلے۔ آیت ملاحظہ ہوں۔

سورۃ الصافات (۳۷)

فَاَقۡبَلَ بَعۡضُهُمۡ عَلٰى بَعۡضٍ يَّتَسَآءَلُوۡنَ {۵۰} قَالَ قَآئِلٌ مِّنۡهُمۡ اِنِّىۡ كَانَ لِىۡ قَرِيۡنٌ {۵۱} يَّقُوۡلُ اَئِنَّكَ لَمِنَ الۡمُصَدِّقِيۡنَ {۵۲} اَئِذَا مِتۡنَا وَكُنَّا تُرَابًا وَّعِظَامًا اَئِنَّا لَمَدِيۡنُوۡنَ {۵۳} قَالَ هَلۡ اَنۡتُمۡ مُّطَّلِعُوۡنَ {۵۴} فَاطَّلَعَ فَرَاٰهُ فِىۡ سَوَآءِ الۡجَحِيۡمِ {۵۵} قَالَ تَاللّٰهِ اِنۡ كِدْتَّ لَتُرۡدِيۡنِ {۵۶} وَلَوۡلَا نِعۡمَةُ رَبِّىۡ لَكُنۡتُ مِنَ الۡمُحۡضَرِيۡنَ {۵۷} اَفَمَا نَحۡنُ بِمَيِّتِيۡنَ {۵۸} اِلَّا مَوۡتَتَنَا الۡاُوۡلٰى وَمَا نَحۡنُ بِمُعَذَّبِيۡنَ {۵۹} اِنَّ هٰذَا لَهُوَ الۡفَوۡزُ الۡعَظِيۡمُ {۶۰} لِمِثۡلِ هٰذَا فَلۡيَعۡمَلِ الۡعٰمِلُوۡنَ {۶۱}

پھر وہ ایک دوسرے کی طرف متوجہ ہو کر حالات پوچھیں گے۔اُن میں سے ایک کہے گا،"دنیا میں میرا ایک ہم نشین تھا جو مجھ سے کہا کرتا تھا، کیا تم بھی تصدیق کرنے والوں میں سے ہو؟ کیا واقعی جب ہم مر چکے ہوں گے اور مٹی ہو جائیں گے اور ہڈیوں کا پنجر بن کر رہ جائیں گے تو ہمیں جزا و سزا دی جائے گی؟ اب کیا آپ لوگ دیکھنا چاہتے ہیں کہ وہ صاحب اب کہاں ہیں؟" یہ کہہ کر جونہی وہ جھکے گا تو جہنم کی گہرائی میں اُس کو دیکھ لے گا اور اس سے خطاب کر کے کہے گا "خدا کی قسم، تُو تو مجھے تباہ ہی کر دینے والا تھا۔

میرے رب کا فضل شامل حال نہ ہوتا تو آج میں بھی اُن لوگوں میں سے ہوتا جو پکڑے ہوئے آئے ہیں۔ اچھا تو کیا اب ہم مرنے والے نہیں ہیں؟ موت جو ہمیں آنی تھی وہ بس پہلے آچکی؟ اب ہمیں کوئی عذاب نہیں ہونا؟"

یقیناً یہی عظیم الشان کامیابی ہے۔ ایسی ہی کامیابی کے لیے عمل کرنے والوں کو عمل کرنا چاہیے۔

سورۃ الأعراف (۷)

وَنَادَىٰ أَصْحَابُ الْجَنَّةِ أَصْحَابَ النَّارِ أَن قَدْ وَجَدْنَا مَا وَعَدَنَا رَبُّنَا حَقًّا فَهَلْ وَجَدتُّم مَّا وَعَدَ رَبُّكُمْ
حَقًّا قَالُوا نَعَمْ فَأَذَّنَ مُؤَذِّنٌ بَيْنَهُمْ أَن لَّعْنَةُ اللَّهِ عَلَى الظَّالِمِينَ {۴۴} الَّذِينَ يَصُدُّونَ عَن سَبِيلِ
اللَّهِ وَيَبْغُونَهَا عِوَجًا وَهُم بِالْآخِرَةِ كَافِرُونَ {۴۵} وَبَيْنَهُمَا حِجَابٌ وَعَلَى الْأَعْرَافِ رِجَالٌ يَعْرِفُونَ
كُلًّا بِسِيمَاهُمْ وَنَادَوْا أَصْحَابَ الْجَنَّةِ أَن سَلَامٌ عَلَيْكُمْ لَمْ يَدْخُلُوهَا وَهُمْ يَطْمَعُونَ {۴۶} وَإِذَا
صُرِفَتْ أَبْصَارُهُمْ تِلْقَاءَ أَصْحَابِ النَّارِ قَالُوا رَبَّنَا لَا تَجْعَلْنَا مَعَ الْقَوْمِ الظَّالِمِينَ {۴۷} وَنَادَىٰ
أَصْحَابُ الْأَعْرَافِ رِجَالًا يَعْرِفُونَهُم بِسِيمَاهُمْ قَالُوا مَا أَغْنَىٰ عَنكُمْ جَمْعُكُمْ وَمَا كُنتُمْ تَسْتَكْبِرُونَ {۴۸}
أَهَٰؤُلَاءِ الَّذِينَ أَقْسَمْتُمْ لَا يَنَالُهُمُ اللَّهُ بِرَحْمَةٍ ادْخُلُوا الْجَنَّةَ لَا خَوْفٌ عَلَيْكُمْ وَلَا أَنتُمْ
تَحْزَنُونَ {۴۹} وَنَادَىٰ أَصْحَابُ النَّارِ أَصْحَابَ الْجَنَّةِ أَنْ أَفِيضُوا عَلَيْنَا مِنَ الْمَاءِ أَوْ
مِمَّا رَزَقَكُمُ اللَّهُ قَالُوا إِنَّ اللَّهَ حَرَّمَهُمَا عَلَى الْكَافِرِينَ {۵۰} الَّذِينَ اتَّخَذُوا دِينَهُمْ لَهْوًا وَلَعِبًا وَغَرَّتْهُمُ
الْحَيَاةُ الدُّنْيَا فَالْيَوْمَ نَنسَاهُمْ كَمَا نَسُوا لِقَاءَ يَوْمِهِمْ هَٰذَا وَمَا كَانُوا بِآيَاتِنَا يَجْحَدُونَ {۵۱}

پھر یہ جنت کے لوگ دوزخ والوں سے پکار کر کہیں گے، "ہم نے اُن سارے وعدوں کو ٹھیک پایا جو ہمارے رب نے ہم سے کیے تھے، کیا تم نے بھی اُن وعدوں کو ٹھیک پایا جو تمہارے رب نے کیے تھے؟" وہ جواب دیں گے "ہاں"۔ تب ایک پکارنے والا ان کے درمیان پکارے گا کہ "خدا کی لعنت ان ظالموں پر جو اللہ کے راستے سے لوگوں کو

روکتے اور اسے ٹیڑھا کرنا چاہتے تھے اور آخرت کے منکر تھے۔"

ان دونوں گروہوں کے درمیان ایک اوٹ حائل ہو گی جس کی بلندیوں (اعراف) پر کچھ اور لوگ ہوں گے۔ یہ ہر ایک کو اس کے قیافہ سے پہچانیں گے اور جنت والوں سے پکار کر کہیں گے کہ "سلامتی ہو تم پر۔" یہ لوگ جنت میں داخل تو نہیں ہوئے مگر اس کے امیدوار ہوں گے۔ اور جب اُن کی نگاہیں دوزخ والوں کی طرف پھریں گی تو کہیں گے، "اے رب، ہمیں اِن ظالم لوگوں میں شامل نہ کیجیو۔" پھر یہ اعراف کے لوگ دوزخ کی چند بڑی بڑی شخصیتوں کو ان کی علامتوں سے پہچان کر پکاریں گے کہ "دیکھ لیا تم نے، آج نہ تمہارے جتھے تمہارے کسی کام آئے اور نہ وہ ساز و سامان جن کو تم بڑی چیز سمجھتے تھے۔ اور کیا یہ اہلِ جنت وہی لوگ نہیں ہیں جن کے متعلق تم قسمیں کھا کھا کر کہتے تھے کہ اِن کو تو خدا اپنی رحمت میں سے کچھ نہ دے گا؟ آج انہی سے کہا گیا کہ داخل ہو جاؤ جنت میں، تمہارے لیے نہ خوف ہے نہ رنج۔"

اور دوزخ کے لوگ جنت والوں کو پکاریں گے کہ کچھ تھوڑا سا پانی ہم پر ڈال دو یا جو رزق اللہ نے تمہیں دیا ہے اسی میں سے کچھ پھینک دو۔ وہ جواب دیں گے کہ "اللہ نے یہ دونوں چیزیں اُن منکرینِ حق پر حرام کر دی ہیں جنہوں نے اپنے دین کو کھیل اور تفریح بنا لیا تھا اور جنہیں دنیا کی زندگی نے فریب میں مبتلا کر رکھا تھا۔ اللہ فرماتا ہے کہ آج ہم بھی انہیں اسی طرح بھلا دیں گے جس طرح وہ اِس دن کی ملاقات کو بھولے رہے اور ہماری آیتوں کا انکار کرتے رہے۔"

سورۃ المدثّر (۷۴)

كُلُّ نَفْسٍ بِمَا كَسَبَتْ رَهِينَةٌ {۳۸} إِلَّا أَصْحَابَ الْيَمِينِ {۳۹} فِي جَنَّاتٍ يَتَسَاءَلُونَ {۴۰} عَنِ الْمُجْرِمِينَ {۴۱} مَا سَلَكَكُمْ فِي سَقَرَ {۴۲} قَالُوا لَمْ نَكُ مِنَ الْمُصَلِّينَ {۴۳} وَلَمْ نَكُ

نُطْعِمُ الْمِسْكِينَ {۴۴} وَكُنَّا نَخُوضُ مَعَ الْخَائِضِينَ {۴۵} وَكُنَّا نُكَذِّبُ بِيَوْمِ الدِّينِ {۴۶} حَتَّى أَتَانَا الْيَقِينُ {۴۷}

ہر شخص اپنے کسب کے بدلے رہن ہے، دائیں بازو والوں کے سوا، جو جنتوں میں ہوں گے۔ وہ مجرموں سے پوچھیں گے "تمہیں کیا چیز دوزخ میں لے گئی؟" وہ کہیں گے "ہم نماز پڑھنے والوں میں سے نہ تھے، اور مسکین کو کھانا نہیں کھلاتے تھے، اور حق کے خلاف باتیں بنانے والوں کے ساتھ مل کر ہم بھی باتیں بنانے لگتے تھے، اور روزِ جزا کو جھوٹ قرار دیتے تھے، یہاں تک کہ ہمیں اُس یقینی چیز سے سابقہ پیش آگیا۔"

دنیا میں جو "سیانے" لوگ اہل ایمان کو دیوانہ اور بے وقوف قرار دے کر ان کا تمسخر اڑاتے ہیں انہیں آخرت کا یہ منظر ہرگز نہ بھولنا چاہیے جو قرآن حکیم ہمارے سامنے پیش کرتا ہے۔ عنقریب وہ وقت آنے والا ہے کہ اہل ایمان جنت کی نعمتوں میں بیٹھے ان پر ہنس رہے ہوں گے۔

سورۃ المطففین (۸۳)

إِنَّ الَّذِينَ أَجْرَمُوا كَانُوا مِنَ الَّذِينَ آمَنُوا يَضْحَكُونَ {۲۹} وَإِذَا مَرُّوا بِهِمْ يَتَغَامَزُونَ {۳۰} وَإِذَا انقَلَبُوا إِلَى أَهْلِهِمُ انقَلَبُوا فَكِهِينَ {۳۱} وَإِذَا رَأَوْهُمْ قَالُوا إِنَّ هَؤُلَاءِ لَضَالُّونَ {۳۲} وَمَا أُرْسِلُوا عَلَيْهِمْ حَافِظِينَ {۳۳} فَالْيَوْمَ الَّذِينَ آمَنُوا مِنَ الْكُفَّارِ يَضْحَكُونَ {۳۴} عَلَى الْأَرَائِكِ يَنظُرُونَ {۳۵} هَلْ ثُوِّبَ الْكُفَّارُ مَا كَانُوا يَفْعَلُونَ {۳۶}

مجرم لوگ دنیا میں ایمان لانے والوں کا مذاق اُڑایا کرتے تھے۔ جب اُن کے پاس سے گزرتے تو آنکھیں مار مار کر ان کی طرف اشارے کرتے تھے، اپنے گھر والوں کی طرف پلٹتے تو مزے لیتے ہوئے پلٹتے تھے، اور جب انہیں دیکھتے تو کہتے تھے کہ یہ بہکے ہوئے لوگ ہیں، حالانکہ وہ ان پر نگران بنا کر نہیں بھیجے گئے تھے۔ آج ایمان لانے والے

کفار پر ہنس رہے ہیں، مسندوں پر بیٹھے ہوئے اُن کا حال دیکھ رہے ہیں، مل گیا نا کافروں کو اُن حرکتوں کا ثواب جو وہ کیا کرتے تھے؟

یہاں کسی کو یہ غلط فہمی نہ ہونی چاہیے کہ کہاں زمین و آسمان جیسی وسعت والی جنت اور کہاں جہنم، بھلا اتنے زیادہ فاصلوں سے ایسا دیکھا جانا اور اہل جنت اور اہل جہنم کے باہم مکالمے کیونکر ممکن ہیں۔ کم از کم آج کے دور میں، جب ہم دنیا کے ایک کونے میں بیٹھ کر دوسرے کونے میں کمپیوٹر پر آمنے سامنے گفتگو کرتے ہیں، یہ اشکال پیدا نہیں ہونا چاہیے۔ اگر اللہ کے پیدا کردہ انسان اس کی دی ہوئی عقل کو استعمال کر کے ایسا ممکن بنا سکتے ہیں تو فَمَا ظَنُّكُم بِرَبِّ الْعَالَمِينَ آپ کا کیا گمان ہے رب العالمین کے بارے میں وہ جو الخلاق العلیم ہے کیا نہیں کر سکتا۔ ہم انسان تو پھر بھی کسی ذریعے کے محتاج ہیں لیکن اللہ کی قدرت تو کسی ایسے ذریعے کی محتاج بھی نہیں، کیا وہ اسے ممکن نہیں بنا سکتا کہ اہل جنت اپنی نشستوں پر بیٹھے بیٹھے نہ صرف اہل جہنم میں سے جس کو چاہیں دیکھ سکیں بلکہ اس سے بات بھی کر سکیں، اور اسے دنیا کی کوئی بات یاد بھی دلا سکیں۔ کیا اللہ کی قدرت سے یہ بعید ہے؟

غور فرمایئے کیا ہماری ہی آنکھیں ہزاروں، لاکھوں میل دور کے ستاروں کو نہیں دیکھتیں۔ یقیناً دیکھتی ہیں تو اس قوت، فوکس اور زوم کو گھٹانا بڑھانا کیا پیدا کرنے والے پروردگار کے لیے کوئی مشکل ہو گا۔ اب اگر کوئی ناں کہے اور اسے بعید از عقل سمجھے تو یہ ہماری عقل کی اور سمجھ کی تنگی ہو سکتی ہے اللہ کی قدرت اتنی تنگ نہیں کہ ایسا کرنا اس کے لیے دشوار ہو۔

***

اہل جنت کی ہر خواہش کا پورا کیا جانا

اب اس بات کا تذکرہ ہونے چلا ہے کہ جس کا دنیا کی زندگی میں تصور بھی نہیں کیا جا سکتا۔ دنیا میں کسی بہت بڑی سلطنت کا فرمانروا بھی جو چاہے حاصل نہیں کر سکتا، نہ ہی من چاہی زندگی جی سکتا ہے اور نہ ہی اپنی ہر خواہش پوری کر سکتا ہے لیکن جنت کی دائمی وراثت پانے والے ایسے خوش نصیب ہوں گے کہ جو دل پسند زندگی جئیں گے، جو چاہیں گے ان کو ملے گا اور ان کی ہر خواہش پوری کی جائے گی۔ اس بارے میں چند آیات ملاحظہ ہوں۔

سورۃ فصلت (۴۱)

۔۔۔وَلَكُمْ فِيهَا مَا تَشْتَهِي أَنفُسُكُمْ وَلَكُمْ فِيهَا مَا تَدَّعُونَ {۳۱} نُزُلًا مِّنْ غَفُورٍ رَّحِيمٍ {۳۲}

وہاں جو کچھ تم چاہو گے تمہیں ملے گا اور ہر چیز جس کی تم تمنا کرو گے وہ تمہاری ہو گی، یہ ہے سامانِ ضیافت اُس ہستی کی طرف سے جو غفور اور رحیم ہے۔

سورۃ الشوریٰ (۴۲)

۔۔۔وَالَّذِينَ آمَنُوا وَعَمِلُوا الصَّالِحَاتِ فِي رَوْضَاتِ الْجَنَّاتِ لَهُم مَّا يَشَاؤُونَ عِندَ رَبِّهِمْ ذَلِكَ هُوَ الْفَضْلُ الْكَبِيرُ {۲۲}

جو لوگ ایمان لے آئے ہیں اور جنہوں نے نیک عمل کیے ہیں وہ جنت کے گلستانوں میں ہوں گے، جو کچھ بھی وہ چاہیں گے اپنے رب کے ہاں پائیں گے، یہی بڑا فضل ہے۔

سورۃ الأنبياء (۲۱)

۔۔۔وَهُمْ فِي مَا اشْتَهَتْ أَنفُسُهُمْ خَالِدُونَ {۱۰۲}

اور وہ ہمیشہ ہمیشہ اپنی من بھاتی چیزوں کے درمیان رہیں گے۔

سورۃ النحل (١٦)

۔۔۔وَلَنِعْمَ دَارُ الْمُتَّقِينَ {٣٠} جَنَّاتُ عَدْنٍ يَدْخُلُونَهَا تَجْرِي مِن تَحْتِهَا الأَنْهَارُ لَهُمْ فِيهَا مَا يَشَاؤُونَ كَذَلِكَ يَجْزِي اللّهُ الْمُتَّقِينَ {٣١}

بڑا اچھا گھر ہے متقیوں کا، دائمی قیام کی جنتیں، جن میں وہ داخل ہوں گے، نیچے نہریں بہہ رہی ہوں گی، اور سب کچھ وہاں عین اُن کی خواہش کے مطابق ہو گا۔ یہ جزا دیتا ہے اللہ متقیوں کو۔

سورۃ الفرقان (٢٥)

۔۔۔جَنَّةُ الْخُلْدِ الَّتِي وُعِدَ الْمُتَّقُونَ كَانَتْ لَهُمْ جَزَاء وَمَصِيرًا {١٥} لَهُمْ فِيهَا مَا يَشَاؤُونَ خَالِدِينَ كَانَ عَلَى رَبِّكَ وَعْدًا مَسْؤُولًا {١٦}

ابدی جنت جس کا وعدہ خدا ترس پرہیز گاروں سے کیا گیا ہے جو اُن کے عمل کی جزا اور اُن کے سفر کی آخری منزل ہو گی، جس میں اُن کی ہر خواہش پوری ہو گی، جس میں وہ ہمیشہ ہمیشہ رہیں گے، جس کا عطا کرنا تمہارے رب کے ذمّے ایک واجب الادا وعدہ ہے۔

ہر خواہش کے پورا کیے جانے کے متعلق ہمیں صحیح بخاری میں یہ حدیث مبارکہ ملتی ہے جس میں ایک جنتی کی ایک خواہش اور اس کے پورا کیے جانے کا ذکر ہے۔

سیدنا ابو ہریرہ رضی اللہ عنہ سے روایت ہے کہ نبی ﷺ ایک دن یہ بیان فرما رہے تھے اور (اس وقت) آپ ﷺ کے پاس ایک گاؤں کا آدمی بیٹھا ہوا تھا: "ایک شخص اہل جنت میں سے اپنے پروردگار سے کھیتی کرنے کی اجازت طلب کرے گا تو اللہ تعالیٰ اس سے فرمائے گا کہ کیا تو جس حالت میں ہے اس میں خوش نہیں ہے" وہ عرض کرے گا کہ ہاں خوش تو ہوں لیکن میں چاہتا ہوں کہ کھیتی کروں۔ آپ ﷺ نے فرمایا: "پھر وہ بیج بوئے گا تو اس کا اگنا اور بڑھنا اور کٹنا پلک جھپکنے سے پہلے ہو جائے گا اور اس کی پیداوار

کے ڈھیر پہاڑوں کے برابر ہو جائیں گے تب اللہ تعالیٰ فرمائے گا کہ اے ابن آدم! تو کسی چیز سے سیر نہیں ہوتا۔" تو وہ اعرابی کہنے لگا کہ یارسول اللہ! آپ ایسا شخص کسی قریشی یا انصاری کو پائیں گے اس لیے کہ وہی لوگ کاشتکار ہیں اور ہم تو کاشتکار نہیں ہیں۔ اس پر نبی ﷺ مسکرانے لگے۔

(صحیح بخاری)

حضرت ابوہریرہ رضی اللہ عنہ سے ہی روایت ہے کہ نبی ﷺ نے فرمایا کہ تم میں سے کسی کا جنت میں ادنی ترین مرتبہ یہ ہو گا کہ اس سے کہا جائے گا کہ تمنا کر۔ پس وہ تمنا کرے گا اور تمنا کرے گا (یعنی اپنی ہر خواہش بیان کر دے گا) پھر اس سے کہا جائے گا کہ کیا تو تمنا کر چکا۔ وہ کہے گا کہ جی ہاں۔ پھر اس سے کہا جائے گا کہ جو جو تو نے خواہش کی ہے سب تجھے دیا جاتا ہے اور اس کے ساتھ ہی اتنا ہی اور بھی۔

(مسلم)

اسی مضمون کی کچھ دوسری روایات میں تمنا سے دس گنا زیادہ دیے جانے کا ذکر ہے۔

***

کبھی نہ ختم ہونے والا رزق اور نعمتیں

اہل جنت کو ملنے والی یہ ساری نعمتیں جن کے بارے میں ہم پڑھتے آرہے ہیں ان کو بے روک وٹوک، صبح وشام، ہمیشہ ہمیشہ ملتی رہیں گی اور ان کے ملنے میں کبھی کوئی رکاوٹ حائل نہ ہو گی۔ یہ رب کا وہ رزق ہے جو ختم ہونے والا نہیں، اور عَطاء غَیرَ مَجذُوذٍ یعنی انہیں

ایسی بخشش ملے گی جس کا سلسلہ کبھی منقطع نہ ہو گا۔

سورۃ مریم(۱۹)

لَا یَسْمَعُونَ فِیهَا لَغْوًا إِلَّا سَلَامًا وَلَهُمْ رِزْقُهُمْ فِیهَا بُكْرَةً وَعَشِیًّا {۶۲} تِلْكَ الْجَنَّةُ الَّتِي نُورِثُ مِنْ عِبَادِنَا مَنْ كَانَ تَقِیًّا {۶۳}

وہاں وہ کوئی بے ہُودہ بات نہ سُنیں گے، جو کچھ بھی سُنیں گے ٹھیک ہی سنیں گے۔ اور ان کا رزق انہیں پیہم صبح و شام ملتا رہے گا۔ یہ ہے وہ جنت جس کا وارث ہم اپنے بندوں میں سے اُس کو بنائیں گے جو پرہیز گار رہا ہے۔

سورۃ ص(۳۸)

إِنَّ هَذَا لَرِزْقُنَا مَا لَهُ مِن نَّفَادٍ {۵۴}

یہ وہ چیزیں ہیں جنہیں حساب کے دن عطا کرنے کا تم سے وعدہ کیا جا رہا ہے۔ یہ ہمارا رزق ہے جو کبھی ختم ہونے والا نہیں۔

***

ان ساری نعمتوں سے بڑی چیز اللہ کی خوشنودی

اور ان ساری نعمتوں سے بڑی نعمت یہ کہ وَرِضْوَانٌ مِّنَ اللَّهِ أَكْبَرُ اہل جنت کو ہمیشہ کے لیے اللہ کی خوشنودی اور پسندیدگی حاصل ہو جائے گی۔ اللہ ان سے ایسا راضی ہو جائے گا کہ پھر کبھی ناراض نہ ہو گا۔

سورۃ التوبۃ(۹)

وَالْمُؤْمِنُونَ وَالْمُؤْمِنَاتُ بَعْضُهُمْ أَوْلِيَاءُ بَعْضٍ يَأْمُرُونَ بِالْمَعْرُوفِ وَيَنْهَوْنَ عَنِ الْمُنكَرِ

وَيُقِيمُونَ الصَّلَاةَ وَيُؤْتُونَ الزَّكَاةَ وَيُطِيعُونَ اللّٰهَ وَرَسُولَهُ أُولَـٰئِكَ سَيَرْحَمُهُمُ اللّٰهُ إِنَّ اللّٰهَ عَزِيزٌ حَكِيمٌ {۷۱} وَعَدَ اللّٰهُ الْمُؤْمِنِينَ وَالْمُؤْمِنَاتِ جَنَّاتٍ تَجْرِي مِن تَحْتِهَا الْأَنْهَارُ خَالِدِينَ فِيهَا وَمَسَاكِنَ طَيِّبَةً فِي جَنَّاتِ عَدْنٍ وَرِضْوَانٌ مِّنَ اللّٰهِ أَكْبَرُ ذَٰلِكَ هُوَ الْفَوْزُ الْعَظِيمُ {۷۲}

مومن مرد اور مومن عورتیں، یہ سب ایک دوسرے کے رفیق ہیں، بھلائی کا حکم دیتے اور بُرائی سے روکتے ہیں، نماز قائم کرتے ہیں، زکوٰۃ دیتے ہیں اور اللہ اور اس کے رسولؐ کی اطاعت کرتے ہیں۔ یہ وہ لوگ ہیں جن پر اللہ کی رحمت نازل ہو کر رہے گی، یقیناً اللہ سب پر غالب اور حکیم و دانا ہے۔ ان مومن مردوں اور عورتوں سے اللہ کا وعدہ ہے کہ انہیں ایسے باغ دے گا جن کے نیچے نہریں بہتی ہوں گی اور وہ ان میں ہمیشہ رہیں گے۔ ان سدا بہار باغوں میں ان کے لیے پاکیزہ قیام گاہیں ہوں گی، اور سب سے بڑھ کر یہ کہ اللہ کی خوشنودی انہیں حاصل ہو گی۔ یہی بڑی کامیابی ہے۔

اسی کے متعلق حدیث مبارکہ ملاحظہ ہو:

سیدنا ابو سعید خدری رضی اللہ عنہ سے روایت ہے کہ نبی ﷺ نے فرمایا: بیشک اللہ عزوجل جنتی لوگوں سے فرمائے گا کہ اے جنتیو! پس وہ کہیں گے کہ اے رب! ہم خدمت میں حاضر ہیں اور سب بھلائی تیرے ہاتھوں میں ہے۔ اللہ تعالیٰ فرمائے گا کہ کیا تم راضی ہوئے؟ وہ کہیں گے کہ ہم کیسے راضی نہ ہوں گے، ہمیں تو نے وہ دیا کہ اتنا اپنی مخلوق میں سے کسی کو نہیں دیا۔ اللہ تعالیٰ فرمائے گا کہ کیا میں تمہیں اس سے بھی کوئی عمدہ چیز دوں؟ وہ عرض کریں گے کہ اے رب! اس سے عمدہ کونسی چیز ہے؟ اللہ تعالیٰ فرمائے گا کہ میں نے تم پر اپنی رضامندی اتار دی اور اب میں اس کے بعد کبھی تم پر غصہ نہ ہوں گا۔ (مسلم)

***

اللہ کا دیدار اور ملاقات عظیم ترین نعمت

سورۃق(۵۰)
لَهُم مَّا يَشَاءُونَ فِيهَا وَلَدَيْنَا مَزِيدٌ {۳۵}

وہاں ان کے لیے وہ سب کچھ ہو گا جو وہ چاہیں گے، اور ہمارے پاس اس سے زیادہ بھی بہت کچھ ان کے لیے ہے۔

اوپر پیش کردہ آیت میں یہ کہا گیا ہے کہ وَلَدَيْنَا مَزِيدٌ۔ اس آیت کا ایک معنی تو یہ بیان کیا گیا ہے کہ اللہ کے پاس اہل جنت کے لیے ایسی ایسی نعمتیں موجود ہیں جن کو بیان کرنے سے انسانی زبان قاصر ہے لہذا بس اتنا کہہ دیا گیا کہ ہمارے پاس ان کے لیے اور بھی بہت کچھ ہے۔ اسی مضمون کی ایک آیت اور ایک حدیث بھی ہم پڑھ آئے ہیں کہ اہل جنت کے لیے ایسی ایسی نعمتیں اور آنکھوں کی ٹھنڈک کا سامان تیار کیا گیا ہے کہ جن کی کسی کو کوئی خبر نہیں۔

اسی آیت کا ایک دوسرا مفہوم مفسرین نے یہ بیان کیا ہے کہ جنت میں اللہ سے ملاقات اور اس کا دیدار جنت کی تمام ہی نعمتوں بڑھ کر ہو گا اور اسی کے معنی وَلَدَيْنَا مَزِيدٌ کے ہیں۔ جب تک جنتی اللہ سے ملاقات اور اس کا دیدار کریں گے یہ ایسی عظیم نعمت ہو گی کہ اس دوران جنت کی کسی اور نعمت کا خیال نہ رہے گا۔ اور یقینا ہونا بھی ایسا ہی چاہیے۔ اتنا سوچ لیجیے کہ دنیا ہی کی زندگی میں آزمائش کے درجے میں اپنی قوت تخلیق سے ایسا لاجواب حسن بکھیرنے والا خود کیسا پرکشش اور حسین و جمیل ہو گا، اسے دیکھے بنا کون اس کا تصور کر سکتا ہے۔ وہ جس سے ہمارا رشتہ والدین کے رشتے سے بھی بڑھ کر اولین یعنی خالق اور مخلوق کا رشتہ ہے، اپنے اس محبوب ترین اولین رشتے یعنی اپنے خالق و

مالک سے ملاقات اور اس کا دیدار کیسی بڑی نعمت ہو گی اس کا لطف تو اسے پانے والے ہی جان سکیں گے۔ دنیا سے ہی ایک مثال لیجیے کہ ماں کی گود بچے کے لیے کتنی بڑی نعمت ہے اور بچہ اپنی ماں کی آغوش میں کتنا سکون محسوس کرتا ہے۔ والدین نے تو صرف تولید کیا ہے، اللہ تو وہ ہستی ہے جس نے ہمیں تخلیق کیا ہے اور ہمارے لیے جس کی محبت ہماری ماؤں کی محبت سے ستر گنا سے بھی زیادہ ہے۔ اسے بنا دیکھے اس کی نشانیوں سے ہی پہچان کر تھوڑا سا جان لینے والے بھی اس کی محبت میں اس کے لیے اپنی جان تک قربان کر دیا کرتے ہیں۔ اتنا پیار کرنے والی ہستی سے ملاقات، اسے دیکھنا، اس کے پاس بیٹھنا اور اس سے بات کرنا کتنی ہی بڑی نعمت ہو گی۔ یقیناً جنت کی سب سے بڑی نعمت۔ اسی لیے تو کافروں کی ایک بڑی محرومی یہ بیان کی گئی ہے کہ كَلَّآ اِنَّهُمْ عَنْ رَّبِّهِمْ يَوْمَئِذٍ لَّمَحْجُوْبُوْنَ ہرگز نہیں! بالیقین اُس روز یہ اپنے رب کی دید سے محروم رکھے جائیں گے۔

آپ غور فرمائیے کہ جو فرد کبھی بھی اپنے والدین سے نہ ملا ہو اسے کتنی خواہش ہو گی کہ وہ انہیں دیکھے، ان سے بات کرے اور ان کے پاس بیٹھے۔ غور کیجیے کہ کیسے ہی بدنصیب وہ لوگ ہوں گے جو اپنے پیدا کرنے والے کو دیکھ بھی نہ سکیں گے۔ ہمیں اپنے رب سے ملاقات کا شوق رکھنا چاہیے کیونکہ حدیث مبارکہ میں ہے کہ جو شخص اللہ تعالیٰ سے ملنا چاہتا ہے تو اللہ بھی اس سے ملاقات کو پسند کرتا ہے۔

غرض جنتی اللہ کا دیدار کریں گے اور اللہ سے ملاقات کریں گے۔

ابن ماجہ میں حضرت ابوہریرہ رضی اللہ عنہ سے روایت کردہ ایک طویل حدیث ہے جس میں اللہ سے ملاقات اور اللہ کے دیدار کا ذکر ہے جس کا مفہوم کچھ اس طرح ہے کہ جنتی اللہ تعالی کی زیارت کریں گے اور کوئی ہجوم نہ ہو گا جیسے سورج اور چودھویں کے چاند کو دیکھنے کے لیے کوئی ہجوم اور جھگڑا نہیں کرنا پڑتا۔ جنتی نور، موتیوں، یاقوت،

زبرجد، سونے اور چاندی کے منبروں پر اور مشک اور کافور کے ٹیلوں پر بیٹھیں گے اور اس مجلس میں کوئی ایسا باقی نہ رہے گا جس سے اللہ تعالیٰ نے مخاطب ہو کر بات نہ کی ہو۔ پھر وہ اس محفل سے ایک نئی خوشبو لے کر، پہلے سے زیادہ حسن و جمال پا کر اور جنت کے بازار سے بہت سارے انعام و اکرام کے ساتھ اپنے گھروں کو لوٹیں گے۔

اللہ ہمیں بھی جنت میں اپنا دیدار اور اپنی ملاقات نصیب فرمائے۔ (آمین)

***

موت کا نہ آنا

موت زندگی کی ہر خوشی اور لطف کو مٹا دیتی ہے۔ غور فرمایئے، دنیا کی زندگی میں پہلی بات تو یہ ہے کہ نعمتوں کی محض تجلی ہوتی ہے اور ان کی تکمیل ہو ہی نہیں سکتی لیکن اگر کسی کو خدا نے بہت کچھ بھی دے رکھا ہو اور دنیا کی زندگی میں وہ جتنی بھی نعمتوں میں جتنا بھی عرصہ جی لے آخر کار موت سب کچھ چھین لیتی ہے۔ اور وہ سب کچھ کسی اور کا ہو جاتا ہے۔ تاریخ پر نگاہ ڈالیے:

مٹے نامیوں کے نشاں کیسے کیسے
ملے خاک میں اہل شاں کیسے کیسے
مکیں ہو گئے لامکاں کیسے کیسے
ہوئے نامور بے نشاں کیسے کیسے
زمین کھا گئی آسماں کیسے کیسے
اجل نے نہ کسریٰ ہی چھوڑا نہ دارا

اسی پہ سکندر فاتح بھی ہارا
ہر اک چھوڑ کے کیا حسرت سدھارا
پڑا رہ گیا سب یہیں کھاٹ سارا
جگہ جی لگانے کی دنیا نہیں ہے
یہ عبرت کی جا ہے تماشا نہیں ہے

دنیا کی زندگی محض آزمائش ہے جو بادشاہ کے گھر میں پیدا ہوا وہ بھی آزمائش میں ہے اور جو فقیر کے گھر وہ بھی آزمائش میں۔یوں سمجھ لیجیے کہ سارے کمرۂ امتحان میں ہیں۔ کوئی کہیں اور کوئی کہیں بیٹھا امتحان دے رہا ہے۔

سورۃ العنکبوت (۲۹)

۔۔۔وَإِنَّ الدَّارَ الْآخِرَةَ لَهِيَ الْحَيَوَانُ لَوْ كَانُوا يَعْلَمُونَ {۶۴}

اور اصل زندگی کا گھر تو آخرت کا گھر ہے، کاش یہ لوگ جانتے۔

کامیاب تو بس وہی ہیں جنہیں اللہ اپنی رحمت سے جہنم کی آگ سے بچا لے گا اور جنت کی نعمت عطا فرمائے گا کیونکہ ہر جنتی کی جنت ایمان و عمل کے میرٹ پر ملنے والی اس کی مستقل ملکیت ہے جس سے اسے کبھی کوئی بے دخل نہ کرے گا اور نہ ہی اسے کبھی وہاں سے کسی طرح نکالا جائے گا۔

آخرت میں اہل جنت کے لیے ایک بڑا انعام یہ ہوگا کہ انہیں موت کی صورت میں نعمتوں کے چھن جانے کا کوئی ڈر نہ ہوگا کیونکہ موت کو ختم کر دیا جائے گا جس سے اہل جنت کی خوشی اور بڑھ جائے گی۔

سیدنا ابو سعید خدری رضی اللہ عنہ سے روایت ہے کہ رسول اللہ ﷺ نے فرمایا:" قیامت کے دن موت ایسے مینڈھے کی صورت میں لائی جائے گی، جو چت کبرا ہو گا، پھر

ایک پکارنے والا پکارے گا کہ اے بہشت والو! وہ گردن اٹھائیں گے اور ادھر دیکھیں گے تو وہ (فرشتہ) کہے گا کہ کیا تم اسے پہچانتے ہو؟ وہ کہیں گے ہاں یہ موت ہے اور سب نے اسے (اپنے مرتے وقت) دیکھا تھا (اس لیے پہچان لیں گے) پھر وہ پکارے گا کہ اے دوزخ والو! وہ بھی گردن اٹھا کر ادھر دیکھیں گے تو وہ (فرشتہ) کہے گا کہ کیا تم اسے پہچانتے ہو؟ وہ کہیں گے ہاں یہ موت ہے، ان سب نے بھی (مرتے وقت) اسے دیکھا تھا پھر اسی وقت موت ذبح کر دی جائے گی اور وہ (فرشتہ) کہے گا کہ اے اہل جنت! تم اب ہمیشہ جنت میں رہو گے، کسی کو موت نہ آئے گی اور اے اہل دوزخ! تم اب ہمیشہ دوزخ میں رہو گے کسی کو موت نہ آئے گی (تب اس وقت دوزخی حسرت کریں گے)۔ "پھر (رسول اللہ ﷺ نے) یہ آیت پڑھی۔ وَأَنذِرْهُمْ يَوْمَ الْحَسْرَةِ إِذْ قُضِيَ الْأَمْرُ وَهُمْ فِي غَفْلَةٍ وَهُمْ لَا يُؤْمِنُونَ (۳۹)" (اے محمد!) ان لوگوں کو اس حسرت و افسوس کے دن سے ڈرایئے جبکہ کام انجام کو پہنچا دیا جائے گا اور یہ لوگ غفلت ہی میں رہ جائیں گے۔ "یعنی دنیا کے لوگ غفلت میں پڑے ہوئے ہیں۔ "اور وہ ایمان نہیں لاتے۔" (سورۂ مریم:۳۹)

(صحیح بخاری)

سیدنا عبد اللہ بن عمر رضی اللہ عنہ سے روایت ہے کہ رسول اللہ ﷺ نے فرمایا: جب جنت والے جنت میں چلے جائیں گے اور دوزخ والے دوزخ میں تو موت لائی جائے گی اور جنت اور دوزخ کے بیچ میں ذبح کی جائے گی، پھر ایک پکارنے والا پکارے گا کہ اے جنت والو! اب موت نہیں اور اے دوزخ والو! اب موت نہیں۔ جنت والوں کو یہ سن کر خوشی پر خوشی حاصل ہو گی اور دوزخ والوں کو رنج پر رنج زیادہ ہو گا۔

(مسلم)

صحیح مسلم ہی کی کچھ دوسری روایات میں یہ اضافہ ہے کہ موت کو جنت اور دوزخ

کے درمیان ایک دنبے کی شکل میں لا کر ذبح کر دیا جائے گا اور پھر جو آدمی جس حالت میں ہو گا ہمیشہ اسی حالت میں رہے گا۔

آیت ملاحظہ ہو:

سورۃ الدخان (۴۴)

اِنَّ الْمُتَّقِينَ فِي مَقَامٍ اَمِينٍ {۵۱} فِي جَنَّاتٍ وَعُيُونٍ {۵۲} يَلْبَسُونَ مِن سُندُسٍ وَاِسْتَبْرَقٍ مُّتَقَابِلِينَ {۵۳} كَذٰلِكَ وَزَوَّجْنَاهُم بِحُورٍ عِينٍ {۵۴} يَدْعُونَ فِيهَا بِكُلِّ فَاكِهَةٍ آمِنِينَ {۵۵} لَا يَذُوقُونَ فِيهَا الْمَوْتَ اِلَّا الْمَوْتَةَ الْاُولَىٰ وَوَقَاهُمْ عَذَابَ الْجَحِيمِ {۵۶} فَضْلًا مِّن رَّبِّكَ ذٰلِكَ هُوَ الْفَوْزُ الْعَظِيمُ {۵۷}

خدا ترس لوگ امن کی جگہ میں ہوں گے۔ باغوں اور چشموں میں، حریر و دیبا کے لباس پہنے، آمنے سامنے بیٹھے ہوں گے۔ یہ ہو گی اُن کی شان۔ اور ہم گوری گوری آہُو چشم عورتیں ان سے بیاہ دیں گے۔ وہاں وہ اطمینان سے ہر طرح کی لذیذ چیزیں طلب کریں گے۔ وہاں موت کا مزہ وہ کبھی نہ چکھیں گے۔ بس دنیا میں جو موت آچکی سو آچکی۔ اور اللہ اپنے فضل سے اُن کو جہنم کے عذاب سے بچا دے گا، یہی بڑی کامیابی ہے۔

اور جنتی لوگ بے پناہ خوشی سے پکار اٹھیں گے:

سورۃ الصافات (۳۷)

اَفَمَا نَحْنُ بِمَيِّتِينَ {۵۸} اِلَّا مَوْتَتَنَا الْاُولَىٰ وَمَا نَحْنُ بِمُعَذَّبِينَ {۵۹} اِنَّ هٰذَا لَهُوَ الْفَوْزُ الْعَظِيمُ {۶۰} لِمِثْلِ هٰذَا فَلْيَعْمَلِ الْعَامِلُونَ {۶۱}

اچھا تو کیا اب ہم مرنے والے نہیں ہیں؟ موت جو ہمیں آنی تھی وہ بس پہلے آچکی؟ اب ہمیں کوئی عذاب نہیں ہونا؟" یقیناً یہی عظیم الشان کامیابی ہے۔ ایسی ہی کامیابی کے لیے عمل کرنے والوں کو عمل کرنا چاہیے۔

***

جنت کی ہمیشگی

اور یہ کامیاب زندگی اور یہ ساری نعمتیں کوئی چند دن یا چند سالوں کے لیے نہیں ملیں گی بلکہ خَالِدِینَ فِیهَا اَبَدًا وہ وہاں ہمیشہ ہمیشہ رہیں گے۔ یعنی جو جنت میں داخل ہو گیا وہ اس مملکت کا باسی بن گیا جہاں سے کبھی بھی نکالا نہ جائے گا کیونکہ وہی اس کی دائمی وراثت ہے۔ وہ ہمیشہ ہمیشہ کے لیے نعمتوں بھری زندگی میں داخل ہو کر کامیاب ہو گیا، اسے پھر کبھی کوئی تکلیف یا اذیت نہ پہنچے گی اور اسے کبھی موت نہ آئے گی کیونکہ موت کو بھی موت آچکی ہو گی۔

سیدنا ابو ہریرہ رضی اللہ عنہ نبی ﷺ سے روایت کرتے ہیں کہ آپ ﷺ نے فرمایا: جو شخص جنت میں جائے گا، وہ سکون سے ہو گا اور بے غم رہے گا۔ نہ کبھی اس کے کپڑے بوسیدہ ہوں گے اور نہ اس کی جوانی مٹے گی (یعنی سدا جوان ہی رہے گا کبھی بوڑھا نہ ہو گا)۔

یوں نعمتوں بھرے سلامتی کے اس گھر میں جنتی ہمیشہ ہمیشہ رہیں گے۔ اس مضمون کی قرآن میں بہت زیادہ آیات آئی ہیں جن میں سے چند حسب ذیل ہیں:

سورۃ النساء(۴)

وَمَن يُطِعِ اللّٰهَ وَرَسُولَهُ يُدْخِلْهُ جَنَّاتٍ تَجْرِي مِن تَحْتِهَا الأَنْهَارُ خَالِدِينَ فِيهَا وَذَٰلِكَ الْفَوْزُ الْعَظِيمُ {۱۳}

جو اللہ اور اس کے رسول ﷺ کی اطاعت کرے گا اسے اللہ ایسے باغوں میں

داخل کرے گا جن کے نیچے نہریں بہتی ہوں گی اور ان باغوں میں وہ ہمیشہ رہے گا اور یہی بڑی کامیابی ہے۔

سورۃ ھود (۱۱)

اِنَّ الَّذِینَ آمَنُوا وَعَمِلُوا الصَّالِحَاتِ وَأَخْبَتُوا إِلَى رَبِّهِمْ أُولَـئِكَ أَصْحَابُ الْجَنَّةِ هُمْ فِيهَا خَالِدُونَ {۲۳}

بے شک وہ لوگ جو ایمان لائے اور جنہوں نے نیک عمل کیے اور اپنے رب ہی کے ہو کر رہے، تو یقیناً وہ جنتی لوگ ہیں اور جنت میں وہ ہمیشہ رہیں گے۔

سورۃ الفرقان (۲۵)

۔۔۔ جَنَّةُ الْخُلْدِ الَّتِي وُعِدَ الْمُتَّقُونَ كَانَتْ لَهُمْ جَزَاء وَمَصِيرًا {۱۵} لَهُمْ فِيهَا مَا يَشَاؤُونَ خَالِدِينَ كَانَ عَلَى رَبِّكَ وَعْدًا مَسْؤُولًا {۱۶}

ابدی جنت جس کا وعدہ خدا ترس پرہیز گاروں سے کیا گیا ہے جو اُن کے عمل کی جزا اور اُن کے سفر کی آخری منزل ہو گی، جس میں اُن کی ہر خواہش پوری ہو گی، جس میں وہ ہمیشہ رہیں گے، جس کا عطا کرنا تمہارے رب کے ذمّے ایک واجب الادا وعدہ ہے۔

سورۃ ابراھیم (۱۴)

وَأُدْخِلَ الَّذِينَ آمَنُوا وَعَمِلُوا الصَّالِحَاتِ جَنَّاتٍ تَجْرِي مِن تَحْتِهَا الأَنْهَارُ خَالِدِينَ فِيهَا بِإِذْنِ رَبِّهِمْ تَحِيَّتُهُمْ فِيهَا سَلاَمٌ {۲۳}

ایمان لانے والوں اور نیک اعمال کرنے والوں کو ایسے باغوں میں داخل کیا جائے گا جن کے نیچے نہریں بہتی ہوں گی۔ وہاں وہ اپنے رب کے اذن سے ہمیشہ رہیں گے، اور وہاں ان کا استقبال سلامتی کی مبارکباد سے ہو گا۔

سورۃ الأحقاف (۴۶)

إِنَّ الَّذِينَ قَالُوا رَبُّنَا اللَّهُ ثُمَّ اسْتَقَامُوا فَلَا خَوْفٌ عَلَيْهِمْ وَلَا هُمْ يَحْزَنُونَ {١٣} أُولَئِكَ أَصْحَابُ الْجَنَّةِ خَالِدِينَ فِيهَا جَزَاءً بِمَا كَانُوا يَعْمَلُونَ {١٤}

یقیناً جن لوگوں نے کہہ دیا کہ اللہ ہی ہمارا رب ہے، پھر اس پر جم گئے، ان کے لیے نہ کوئی خوف ہے اور نہ وہ غمگین ہوں گے۔ ایسے لوگ جنت میں جانے والے ہیں جہاں وہ ہمیشہ رہیں گے اپنے اُن اعمال کے بدلے جو وہ دنیا میں کرتے رہے ہیں۔

اب چند آیات جن میں خَالِدِينَ فِيهَا پر أَبَدًا کا اضافہ ہے یعنی یہ کہ اہل جنت ہمیشہ ہمیشہ وہاں رہیں گے:

سورۃ الطلاق (٦٥)

وَمَن يُؤْمِن بِاللَّهِ وَيَعْمَلْ صَالِحًا يُدْخِلْهُ جَنَّاتٍ تَجْرِي مِن تَحْتِهَا الْأَنْهَارُ خَالِدِينَ فِيهَا أَبَدًا قَدْ أَحْسَنَ اللَّهُ لَهُ رِزْقًا {١١}

اور جو کوئی اللہ پر ایمان لائے اور نیک عمل کرے، اللہ اُسے ایسی جنتوں میں داخل کرے گا جن کے نیچے نہریں بہتی ہوں گی۔ یہ لوگ اُن میں ہمیشہ ہمیشہ رہیں گے۔ اللہ نے ایسے شخص کے لیے بہترین رزق رکھا ہے۔

سورۃ النساء (٤)

وَالَّذِينَ آمَنُوا وَعَمِلُوا الصَّالِحَاتِ سَنُدْخِلُهُمْ جَنَّاتٍ تَجْرِي مِن تَحْتِهَا الْأَنْهَارُ خَالِدِينَ فِيهَا أَبَدًا لَّهُمْ فِيهَا أَزْوَاجٌ مُّطَهَّرَةٌ وَنُدْخِلُهُمْ ظِـلاًّ ظَلِيلاً {٥٧}

اور جن لوگوں نے ہماری آیات کو مان لیا اور نیک عمل کیے اُن کو ہم ایسے باغوں میں داخل کریں گے جن کے نیچے نہریں بہتی ہوں گی، جہاں وہ ہمیشہ ہمیشہ رہیں گے اور ان کو پاکیزہ بیویاں ملیں گی اور انہیں ہم گھنی چھاؤں میں رکھیں گے۔

سورۃ البینۃ (٩٨)

اِنَّ الَّذِینَ آمَنُوا وَعَمِلُوا الصَّالِحَاتِ أُولَئِکَ هُمْ خَیْرُ الْبَرِیَّةِ {۷} جَزَاؤُهُمْ عِندَ رَبِّهِمْ جَنَّاتُ عَدْنٍ تَجْرِی مِن تَحْتِهَا الْأَنْهَارُ خَالِدِینَ فِیهَا أَبَداً رَّضِیَ اللَّهُ عَنْهُمْ وَرَضُوا عَنْهُ ذَلِکَ لِمَنْ خَشِیَ رَبَّهُ {۸}

جو لوگ ایمان لائے اور جنہوں نے نیک عمل کیے، وہ یقیناً بہترین خلائق ہیں۔ اُن کی جزا اُن کے رب کے ہاں دائمی قیام کی جنتیں ہیں جن کے نیچے نہریں بہہ رہی ہوں گی، وہ ان میں ہمیشہ ہمیشہ رہیں گے۔ اللہ ان سے راضی ہوا اور وہ اللہ سے راضی ہوئے۔ یہ کچھ ہے اُس شخص کے لیے جس نے اپنے رب کا خوف کیا ہو۔

سورۃ التغابن (۶۴)

یَوْمَ یَجْمَعُکُمْ لِیَوْمِ الْجَمْعِ ذَلِکَ یَوْمُ التَّغَابُنِ وَمَن یُؤْمِن بِاللَّهِ وَیَعْمَلْ صَالِحاً یُکَفِّرْ عَنْهُ سَیِّئَاتِهِ وَیُدْخِلْهُ جَنَّاتٍ تَجْرِی مِن تَحْتِهَا الْأَنْهَارُ خَالِدِینَ فِیهَا أَبَداً ذَلِکَ الْفَوْزُ الْعَظِیمُ {۹}

جب اجتماع کے دن وہ تم سب کو اکٹھا کرے گا۔ وہ دن ہو گا ایک دوسرے کے مقابلے میں لوگوں کی ہار جیت کا۔ جو اللہ پر ایمان لایا ہے اور نیک عمل کرتا ہے، اللہ اس کے گناہ جھاڑ دے گا اور اسے ایسی جنتوں میں داخل کرے گا جن کے نیچے نہریں بہتی ہوں گی۔ یہ لوگ ہمیشہ ان میں رہیں گے۔ یہی بڑی کامیابی ہے۔

اور یہ نعمتیں نَعِیمٌ مُّقِیمٌ قائم رہنے والی نعمتیں ہیں:

سورۃ التوبۃ (۹)

الَّذِینَ آمَنُواْ وَهَاجَرُواْ وَجَاهَدُواْ فِی سَبِیلِ اللّهِ بِأَمْوَالِهِمْ وَأَنفُسِهِمْ أَعْظَمُ دَرَجَةً عِندَ اللّهِ وَأُوْلَئِکَ هُمُ الْفَائِزُونَ {۲۰} یُبَشِّرُهُمْ رَبُّهُم بِرَحْمَةٍ مِّنْهُ وَرِضْوَانٍ وَجَنَّاتٍ لَّهُمْ فِیهَا نَعِیمٌ مُّقِیمٌ {۲۱} خَالِدِینَ فِیهَا أَبَداً إِنَّ اللّهَ عِندَهُ أَجْرٌ عَظِیمٌ {۲۲}

اللہ کے ہاں تو انہی لوگوں کا درجہ بڑا ہے جو ایمان لائے اور جنھوں نے اس کی راہ

میں گھر بار چھوڑے اور جان و مال سے جہاد کیا۔ وہی کامیاب ہیں۔ ان کا رب انہیں اپنی رحمت اور خوشنودی اور ایسی جنتوں کی بشارت دیتا ہے جہاں ان کے لیے پائیدار عیش کے سامان ہیں۔ ان میں وہ ہمیشہ رہیں۔ یقیناً اللہ کے پاس خدمات کا صلہ دینے کو بہت کچھ ہے۔

اب غور فرمایئے کہاں چند برس کی دنیوی زندگی اور کہاں ابدی زندگی، کوئی نسبت ہی نہیں، ابدیت اور ہمیشگی کی چند برس سے اتنی نسبت بھی نہیں جو صدیوں کو چند لمحوں سے ہو سکتی ہے کیونکہ بہر حال لمحے ہوں یا صدیاں حساب میں تو آتے ہیں۔ کہاں ہمیشہ ہمیشہ کی زندگی اور کہاں انگلیوں پر گنے جاسکنے والے چند سال؟

آخرت کے مقابلے میں دنیا کی زندگی کی حقیقت و حیثیت تو ہمیں یہ آیت بتلاتی ہے:

سورۃ الزخرف (۴۳)

وَلَوْلَا أَن يَكُونَ النَّاسُ أُمَّةً وَاحِدَةً لَّجَعَلْنَا لِمَن يَكْفُرُ بِالرَّحْمَٰنِ لِبُيُوتِهِمْ سُقُفًا مِّن فِضَّةٍ وَمَعَارِجَ عَلَيْهَا يَظْهَرُونَ {۳۳} وَلِبُيُوتِهِمْ أَبْوَابًا وَسُرُرًا عَلَيْهَا يَتَّكِئُونَ {۳۴} وَزُخْرُفًا وَإِن كُلُّ ذَٰلِكَ لَمَّا مَتَاعُ الْحَيَاةِ الدُّنْيَا وَالْآخِرَةُ عِندَ رَبِّكَ لِلْمُتَّقِينَ {۳۵}

اگر یہ اندیشہ نہ ہوتا کہ سارے لوگ ایک ہی طریقے کے ہو جائیں گے تو ہم خدائے رحمان سے کفر کرنے والوں کے گھروں کی چھتیں، اور ان کی سیڑھیاں جن سے وہ اپنے بالاخانوں پر چڑھتے ہیں، اور ان کے دروازے، اور ان کے تخت جن پر وہ تکیے لگا کر بیٹھتے ہیں، سب چاندی اور سونے کے بنوا دیتے۔ یہ تو محض حیاتِ دنیا کی متاع ہے، اور آخرت تیرے رب کے ہاں صرف متقین کے لیے ہے۔

اسی بارے میں ہی کچھ احادیث بھی ملاحظہ ہوں:

سیدنا مستور اخی بنی فہر کہتے ہیں کہ رسول اللہ ﷺ نے فرمایا کہ اللہ کی قسم دنیا آخرت کے سامنے ایسے ہے جیسے تم میں سے کوئی یہ انگلی دریا میں ڈالے (اور یحییٰ نے اپنی شہادت کی انگلی سے اشارہ کیا)، پھر دیکھے کہ کتنی تری دریا میں سے لاتا ہے (تو جتنا پانی انگلی میں لگا رہتا ہے وہ گویا دنیا ہے اور وہ دریا آخرت ہے۔ یہ نسبت دنیا کو آخرت سے ہے اور چونکہ دنیا فانی ہے اور آخرت دائمی باقی ہے، اس واسطے اس سے بھی کم ہے)۔

حضرت سہل بن سعد رضی اللہ عنہ بیان کرتے ہیں کہ ہم رسول اللہ ﷺ کے ساتھ ذوالحلیفہ کے میدان میں تھے کہ اچانک ایک مردہ بکری نظر آئی جو (سوج جانے کے باعث) اپنے پاؤں اٹھائے ہوئے تھی۔ اس پر حضور ﷺ نے فرمایا کہ کیا تم سمجھتے ہو کہ کہ بکری اپنے مالک کی نگاہ میں ذلیل؟ پھر فرمایا پس قسم ہے اس ذات کی جس کے ہاتھ میں میری جان ہے کہ جتنی یہ بکری اپنے مال کے نزدیک ذلیل ہے اس سے زیادہ دنیا اللہ تعالیٰ کے نزدیک ذلیل ہے۔ اور اگر اللہ تعالیٰ کے نزدیک دنیا ایک مچھر کے پر کے برابر بھی وزن رکھتی ہوتی تو اللہ تعالیٰ کبھی اس میں سے کسی کافر کو ایک قطرہ (پانی) بھی نہ دیتا۔

کچھ اور احادیث میں یہ ذکر آیا ہے کہ دنیا میں اس طرح رہ گویا تو پردیسی مسافر ہے۔ اور یہ حدیث بھی ہم پڑھ آئے ہیں کہ جنت میں چابک یا کمان بھر جگہ کا حاصل کر لینا دنیا و مافیہا سے بہتر ہے۔

سچ یہ ہے کہ جنت کا حاصل کر لینا ہی ایسی حقیقی کامیابی ہے جو ہمیشہ رہنے والی ہے اور جس کے پانے کے بعد ناکامی کا کوئی تصور نہیں۔

اب اس پر بھی بات ہو جائے کہ اللہ کے لیے کسی چیز کو ہیشگی اور خلود بخش دینا کتنا آسان کام ہے؟ غور فرمائیے کہ ہر عمر کی چیزیں رب نے ہمارے گرد و پیش پیدا کر رکھی ہیں۔ کہاں ہم ایسی مخلوق بھی دیکھتے ہیں جس کی عمر چند گھنٹوں سے زیادہ نہیں ہوتی اور

کہاں اللہ کی عظمت کے نشان سورج، چاند اور ستارے بھی ہمیں نظر آتے ہیں کہ جن کی عمر ان کے پیدا کرنے والے کے سوا کوئی نہیں جانتا۔ یہیں ہم بھی رہتے ہیں جن کی عمر چند برس پر مشتمل ہوتی ہے اور یہیں وہ درخت اور پتھر بھی پائے جاتے ہیں جو ہزاروں سال تک جیتے ہیں۔ فہم کی نظر سے دیکھیے تو آپ کو معلوم ہو گا کہ کسی بھی چیز کی عمر کو گھٹانا بڑھانا یا اس کی ایک حد مقرر کرنا اللہ کے لیے کوئی مشکل نہیں بلکہ آپ کو اس پر حیرت ہو گی کہ حقیقتاً کسی چیز کو خلود یا ہمیشگی بخش دینا اس کی موت سے زیادہ آسان ہے۔ زمین، سورج، چاند، ستاروں اور کہکشاؤں کو حرکت دے کر اللہ نے وقت اور موت (الَّذِي خَلَقَ الْمَوْتَ) کو پیدا کیا اور اتنے بڑے بڑے نظاموں کو اپنی بے پناہ طاقت اور کامل قدرت سے یوں حرکت میں کر دیا کہ ہم چند چھوٹے چھوٹے گیندوں کو بھی یوں حرکت نہیں دے سکتے۔ اتنے عظیم الشان نظام میں ہر کرہ حیرت انگیز رفتار سے حرکت کر رہا ہے لیکن اس سے کسی بھی قسم کی کوئی آلودگی پیدا نہیں ہوتی۔ نہ شور نہ دھواں۔

اسی حرکت کے باعث اس نے وقت اور موت کو پیدا کیا۔ اب سائنس یہ کہتی ہے کہ اگر اسی حرکت کی رفتار کو وہ کچھ زیادہ بڑھا دے یا بالکل روک دے تو ہمیشگی اور خلود وجود میں آسکتے ہیں۔ اب آپ خود سوچیے کہ کسی چیز کو حرکت دینا اور پھر حرکت میں رکھنا آسان ہے یا اس کو کسی ایک ہی جگہ پر روک کر رکھ دینا۔ اور یہ تو محض ہمارے اندازے ہیں وگرنہ اللہ ایسا علم اور ایسی قدرت رکھنے والا ہے اور اس کی شان خلاقی ایسی کامل ہے کہ ایک ہی چیز کو تخلیق کرنے کے لیے اس کے پاس لامحدود طریقے ہیں۔ اسی پر سوچ لیجیے کہ وہ کتنی مخلوقات کو ماں کے پیٹ سے پیدا کرتا ہے اور کتنی ہی مخلوقات کو کچھ تبدیلی کے ساتھ انڈے سے پیدا کرتا ہے۔ زمین پر بسنے والے ہم اربوں لوگ، ہیں تو سارے انسان پر ہر ایک کو اس نے الگ شناخت دی ہے پھر کس طرح نر اور مادہ کو ایک

دوسرے کا مکمل اور بہترین جوڑ بنایا۔

دنیا کی زندگی کا الوہی قانون ہم وقتی تغیر، گزرتا وقت اور پھر موت ہے، لیکن کچھ دوسرے قوانین کے طابع کر کے اللہ نے جنت اور دوزخ کو پیدا فرمایا ہے اور ان کو دوام بخشا ہے اور یہی دوام ہمارے حصے میں بھی آنے والا ہے۔ کل کی ایک دائمی زندگی ہماری منتظر ہے جو اگر جنت کی ہوئی تو ایک بہت بڑی نعمت ہے لیکن اللہ نہ کرے اگر دوزخ کی ہوئی تو پھر اس سے بڑا عذاب کوئی نہیں کیونکہ وہاں موت نہیں آنی۔ اس زندگی کی تیاری کی کوشش کیجیے اور اللہ سے دعا کیجیے کہ ہمارا یہ دوام جنت کی زندگی کا دوام ہو نہ کہ جہنم کی زندگی کا۔

دوام اور ہمیشگی کی بات میں ایک فرق ہمیں ضرور معلوم ہونا چاہیے اور وہ یہ کہ ہم فانی ہیں اور اللہ غیر فانی ہے ہماری ہمیشگی اور جنت و دوزخ کی ہمیشگی اللہ کے چاہنے سے ہو گی جبکہ اللہ خود ہی اپنی ذات میں زندہ اور قائم ہے۔ ہم اللہ کے قائم رکھنے سے آج ایک محدود زندگی جیتے ہیں اور کل کو ہمیشگی کی زندگی جئیں گے لیکن اللہ وہ زندہ اور قائم ہستی ہے جو کسی دوسرے کے قائم رکھنے سے قائم نہیں بلکہ خود ہی زندہ اور قائم ہے اور رہنے والا ہے۔

***

کوئی جنتی کبھی یہ نہ چاہے گا کہ اس کا حال بدل جائے

دنیا میں نعمتیں چونکہ آزمائش کے درجے میں ہیں اس لیے یہاں کسی بھی نعمت سے تسلی نہیں ہوتی اور دنیا میں تو انسان کو نعمتوں سے بھی اکتاہٹ ہونے لگتی ہے لیکن جنت

نعمتوں کا وہ گھر ہو گا جس میں نعمتوں کی ایسی تکمیل ہو گی کہ جہاں سے کسی جنتی کا کبھی نکل کر کہیں اور جانے کو جی نہ چاہے گا۔

سورۃ الکھف (۱۸)

اِنَّ الَّذِینَ آمَنُوا وَعَمِلُوا الصَّالِحَاتِ کَانَتْ لَھُمْ جَنَّاتُ الْفِرْدَوْسِ نُزُلًا {۱۰۷} خَالِدِینَ فِیھَا لَا یَبْغُونَ عَنْھَا حِوَلًا {۱۰۸}

وہ لوگ جو ایمان لائے اور جنہوں نے نیک عمل کیے، ان کی میزبانی کے لیے فردوس کے باغ ہوں گے جن میں وہ ہمیشہ رہیں گے اور کبھی اس جگہ سے نکل کر کہیں جانے کو اُن کا جی نہ چاہے گا۔

اب مضمون کے آخر میں یہ اقرار و اعتراف کہ جنت اور اس کی نعمتوں کے بارے میں اپنی دانست میں بہت کچھ پڑھ اور جان لینے کے باوجود اب بھی ہم اس بچے کی مانند ہیں جس کے لیے شادی کی خوشیوں کا مفہوم چمچوں، پلیٹوں، برقی قمقموں اور چند کھانوں سے زیادہ کچھ نہیں ہوتا، یا جیسے ماں کے پیٹ میں باہر کی دنیا کا کچھ علم نہیں ہوتا کیونکہ جنت اور اس کی نعمتیں ایسی ہیں کہ دنیا کی کسی زبان میں ایسے الفاظ موجود نہیں جو جنت کا حقیقی نقشہ کھینچ سکیں۔ ہم اب بھی جنت کی نعمتوں کی حقیقت اور تفصیلات کے بارے میں کچھ نہیں جانتے۔

اس موقع پر بہتر ہے کہ ہم ذیل کی حدیث اور آیت ایک بار پھر پڑھ لیں:

حضرت ابو ہریرہ رضی اللہ عنہ سے روایت ہے کہ رسول اللہ ﷺ نے فرمایا کہ اللہ تعالیٰ فرماتا ہے کہ میں نے اپنے نیک بندوں کے لیے ایسی ایسی نعمتیں تیار کر رکھی ہیں جو نہ کسی آنکھ نے دیکھیں، نہ کسی کان نے سنیں اور نہ کسی بشر کے دل پر ان کا خیال گزرا (پھر آپ نے فرمایا) اگر تم چاہو تو (اس کے استدلال میں) یہ آیت پڑھ لو:

سورۃ السجدۃ (۳۲)
فَلَا تَعۡلَمُ نَفۡسٌ مَّاۤ اُخۡفِیَ لَهُم مِّن قُرَّةِ اَعۡیُنٍ جَزَآءٌۢ بِمَا كَانُوۡا یَعۡمَلُوۡنَ {۱۷}
پھر جیسا کچھ آنکھوں کی ٹھنڈک کا سامان اُن کے اعمال کی جزا میں اُن کے لیے چھپا کر رکھا گیا ہے اس کی کسی متنفس کو خبر نہیں ہے۔
(صحیح بخاری، جلد دوم، باب مخلوقات کی ابتدا کا بیان، حدیث ۴۷۹)

***

خلاصۂ کلام

خلاصۂ کلام یہ کہ دنیا مچھر کا پر ہے اور دھوکے کا گھر ہے۔ دنیا امتحان کا گھر ہے جس کا دورانیہ بڑا ہی مختصر ہے اور اس تھوڑے سے وقت میں رسول اللہ ﷺ کی پیروی میں اللہ کی اطاعت و بندگی ہی جنت کے حصول کا صحیح ذریعہ ہے اور یہی وہ کامیابی ہے جس کے لیے عمل کرنے والوں کو عمل کرنا چاہیے، اسی نعمت کے حصول کے لیے مقابلہ کرنے والوں کو مقابلہ کرنا چاہیے اور اسی دوڑ میں ایک دوسرے سے آگے بڑھنے کی کوشش کرنی چاہیے۔

جنت وہ حسین سرزمین ہے جہاں ابدی راحت و سکون ہے، جہاں دکھ اور تکلیف نام کی بھی کوئی چیز نہیں، جہاں نہ بغض و عداوت ہے، نہ جنگ و جدل ہے نہ خونریزیاں، نہ تھکاوٹ و بیماری ہے نہ بدصورتی و بڑھاپا اور نہ ہی موت۔ جہاں صرف امن اور سلامتی ہے، جہاں گھنے سرسبز باغات، رنگ برنگے پھولوں، پھلوں اور پودوں میں صاف پانی، دودھ، شہد اور طرح طرح کے شربتوں کے دریا بہتے ہیں اور چشمے پھوٹتے ہیں۔ جہاں کبھی نہ ختم

ہونے والا رزق ہے۔ جہاں کے باسی ہیرے موتیوں، یاقوت وزمرد اور سونے چاندی کے محلات میں رہتے ہیں اور اس سرزمین میں اکٹھے ہونے والے خاندان کبھی جدا نہ ہوں گے۔ جہاں انبیاء علیہم السلام، صدیقین، شہداء اور صالحین کی صحبت میسر ہے۔ جہاں دلوں میں صرف محبت ہے، ہمیشہ کی جوانی، خوبصورتی، نوعمری اور تندرستی ہے۔ جہاں ہر تمنا کا پورا کیا جانا ہے، جہاں اللہ کی دائمی رضا و خوشنودی ہے اور جہاں اپنے پیدا کرنے والے کا دیدار اور اس سے ملاقاتیں ہیں۔ جہاں کی زندگی وہ زندگی ہے جس کے پانے والا کبھی کچھ اور نہ چاہے گا۔

جنت تو نعمتوں کا گھر ہے، جہاں رزق کی فراوانی ہے، جہاں رہنے کے لیے باغات اور محلات ہیں جن کے نیچے طرح طرح کی نہریں بہتی ہیں، انسان کو اگر صحت، جوانی، تندرستی، بے فکری اور عافیت میں اپنے خاندان کے ساتھ ہمیشہ رہنے کو اگر ایک غار بھی مل جائے تو دنیا کی بڑی سے بڑی نعمت بھی اس کے سامنے ہیچ ہے۔ اپنے بچپن ہی کا تصور کر دیکھیے جب ہم بے فکرے ہوتے ہیں، ہم پر کوئی ذمہ داری نہیں ہوتی اور نہ ہی خدشات اور سوچیں۔ زندگی کے اس حصے کا لطف پھر کبھی نہیں آتا بھلے آپ بعد میں کیسی ہی نعمتوں میں کیوں نہ ہوں۔ اپنی آج کی زندگی پر ہی غور کر لیجیے، اول تو محرومیاں اور اگر ساری نعمتیں ہوں پھر بھی خدشات انسان کو پریشان کیے رکھتے ہیں۔ جنت میں ایسی کوئی فکر اور پریشانی نہ ہو گی اور زندگی کا حقیقی لطف تو وہی لوگ اٹھائیں گے جو جنت حاصل کرنے میں کامیاب ہو جائیں۔

اللہ سے دعا کیجیے کہ وہ ہمیں بھی ان لوگوں میں شامل فرمائے جن کو وراثت میں ایسی حسین جنت اور جینے کو ایسی بہترین زندگی ملے گی۔ آمین ثم آمین

یہی دائمی سلامتی کا وہ گھر ہے جس کی طرف ہمارا مہربان رب ہمیں بلا رہا ہے:

سورۃ یونس (۱۰)

وَاللّٰہُ یَدْعُو إِلَىٰ دَارِ السَّلَامِ وَيَهْدِي مَن يَشَاءُ إِلَىٰ صِرَاطٍ مُّسْتَقِيمٍ {۲۵}

(تم اِس ناپائیدار زندگی کے فریب میں مُبتلا ہو رہے ہو) اور اللہ تمھیں دار السّلام کی طرف دعوت دے رہا ہے۔ (ہدایت اُس کے اختیار میں ہے) جس کو وہ چاہتا ہے سیدھا راستہ دکھا دیتا ہے۔

اسی کی طرف دوڑنے، مسابقہ کرنے اور اسے پالینے کی ترغیب ہمیں قرآن حکیم میں دی جارہی ہے:

سورۃ آل عمران (۳)

وَسَارِعُوا إِلَىٰ مَغْفِرَةٍ مِّن رَّبِّكُمْ وَجَنَّةٍ عَرْضُهَا السَّمَاوَاتُ وَالْأَرْضُ أُعِدَّتْ لِلْمُتَّقِينَ {۱۳۳}

دوڑ کر چلو اُس راہ پر جو تمھارے رب کی بخشش اور اُس جنت کی طرف جاتی ہے جس کی وسعت زمین اور آسمانوں جیسی ہے، اور وہ پرہیز گار لوگوں کے لیے مہیّا کی گئی ہے۔

سورۃ الحدید (۵۷)

سَابِقُوا إِلَىٰ مَغْفِرَةٍ مِّن رَّبِّكُمْ وَجَنَّةٍ عَرْضُهَا كَعَرْضِ السَّمَاءِ وَالْأَرْضِ أُعِدَّتْ لِلَّذِينَ آمَنُوا بِاللَّهِ وَرُسُلِهِ ذَٰلِكَ فَضْلُ اللَّهِ يُؤْتِيهِ مَن يَشَاءُ وَاللَّهُ ذُو الْفَضْلِ الْعَظِيمِ {۲۱}

دوڑو اور ایک دوسرے سے آگے بڑھنے کی کوشش کرو اپنے رب کی مغفرت اور اُس جنت کی طرف جس کی وسعت آسمان و زمین جیسی ہے، جو مہیا کی گئی ہے اُن لوگوں کے لیے جو اللہ اور اس کے رسولوں پر ایمان لائے ہوں۔ یہ اللہ کا فضل ہے، جسے چاہتا ہے عطا فرماتا ہے۔ اور اللہ بڑے فضل والا ہے۔

آیئے اللہ اور اس کے رسول ﷺ کی اطاعت کا راستہ اختیار کرتے ہیں کہ یہی

جنت کو جانے والا سیدھا راستہ ہے۔ حدیث مبارکہ ہے کہ جس نے تین بار اللہ سے جنت طلب کی اور تین مرتبہ دوزخ سے پناہ چاہی اس کے حق میں یہ گواہی قیامت کے روز جنت اور دوزخ بھی دیں گے۔ آیئے اپنے بے انتہا مہربان رب سے توبہ کرتے ہیں اور دعا مانگتے ہیں کہ وہ ہمیں معاف فرمادے اور ہماری کوتاہیوں اور گناہوں سے درگزر فرماکر جنت کو ہمارا ابدی ٹھکانا بنادے:

اللھم انانسالک الجنۃ الفردوس ونعوذبک من عذاب النار

(اے اللہ ہم تجھ سے جنت الفردوس کا سوال کرتے ہیں اور آگ کے عذاب سے تیری پناہ مانگتے ہیں)

اللھم انانسالک الجنۃ الفردوس ونعوذبک من عذاب النار

(اے اللہ ہم تجھ سے جنت الفردوس کا سوال کرتے ہیں اور آگ کے عذاب سے تیری پناہ مانگتے ہیں) اللھم انانسالک الجنۃ الفردوس ونعوذبک من عذاب النار

(اے اللہ ہم تجھ سے جنت الفردوس کا سوال کرتے ہیں اور آگ کے عذاب سے تیری پناہ مانگتے ہیں)

***

جنت اور اس کی نعمتیں کس پر حرام ہیں؟

پچھلے صفحات میں ہم نے جنت کی نعمت بھری زندگی کے بارے میں جانا۔ اب آیئے یہ جانتے ہیں کہ وہ کون بدنصیب لوگ ہیں جن پر جنت اور اس کی نعمتوں کو حرام کردیا گیا ہے۔ اس معاملے میں بھی قرآن عظیم نے ہمیں رہنمائی سے محروم نہیں رکھا بلکہ ان

لوگوں اور ان کے جرائم وصفات کے بارے میں بتلا دیا ہے جو کبھی بھی جنت میں داخل نہ ہوں گے۔ آیئے قرآن کی اس رہنمائی سے فائدہ اٹھاتے ہیں تاکہ اگر کہیں ہم بھی انہی لوگوں کے راستے پر جا رہے ہوں تو توبہ کرلیں اور پلٹ آئیں۔

• وہ کافر جنھوں نے کفر کیا اور پھر کفر پر ہی مر گئے

جو لوگ کفر کرتے ہیں اور کافر ہی مرتے ہیں قرآن حکیم ان کے بارے میں ہمیں یہ بتلاتا ہے کہ ان کا یہ گناہ کبھی معاف نہ کیا جائے گا اور وہ جنت میں کبھی نہ جائیں گے:

سورۃ محمد (۴۷)

إِنَّ الَّذِينَ كَفَرُوا وَصَدُّوا عَن سَبِيلِ اللَّهِ ثُمَّ مَاتُوا وَهُمْ كُفَّارٌ فَلَن يَغْفِرَ اللَّهُ لَهُمْ {۳۴}

جن لوگوں نے کفر کیا اور اللہ کی راہ سے روکا پھر کفر ہی کی حالت میں مر گئے ان کو اللہ ہر گز معاف نہ کرے گا۔

سورۃ البقرۃ (۲)

إِنَّ الَّذِينَ كَفَرُوا وَمَاتُوا وَهُمْ كُفَّارٌ أُولَئِكَ عَلَيْهِمْ لَعْنَةُ اللَّهِ وَالْمَلَائِكَةِ وَالنَّاسِ أَجْمَعِينَ {۱۶۱} خَالِدِينَ فِيهَا لَا يُخَفَّفُ عَنْهُمُ الْعَذَابُ وَلَا هُمْ يُنظَرُونَ {۱۶۲}

جن لوگوں نے کفر کیا اور کفر کی حالت میں ہی مر گئے، ان پر اللہ اور فرشتوں اور تمام انسانوں کی لعنت ہے۔ اسی لعنت زدگی کی حالت میں وہ ہمیشہ رہیں گے، نہ ان کی سزا میں کوئی تخفیف ہوگی اور نہ انہیں پھر کوئی دوسری مہلت دی جائے گی۔

سورۃ آل عمران (۳)

إِنَّ الَّذِينَ كَفَرُوا وَمَاتُوا وَهُمْ كُفَّارٌ فَلَن يُقْبَلَ مِنْ أَحَدِهِم مِّلْءُ الْأَرْضِ ذَهَبًا وَلَوِ افْتَدَى بِهِ أُولَئِكَ لَهُمْ عَذَابٌ أَلِيمٌ وَمَا لَهُم مِّن نَّاصِرِينَ {۹۱}

یقین رکھو، جن لوگوں نے کفر اختیار کیا اور کفر ہی کی حالت میں جان دی، ان میں

سے کوئی اگر اپنے آپ کو سزا سے بچانے کے لیے روئے زمین بھر کر بھی سونا فدیہ میں دے تو اسے قبول نہ کیا جائے گا۔ ایسے لوگوں کے لیے دردناک سزا تیار ہے اور وہ اپنا کوئی مددگار نہ پائیں گے۔

ان کافروں سے قیامت کے روز کہا جائے گا کہ:

سورۃ الأحقاف (۴٦)

وَيَوْمَ يُعْرَضُ الَّذِينَ كَفَرُوا عَلَى النَّارِ أَذْهَبْتُمْ طَيِّبَاتِكُمْ فِي حَيَاتِكُمُ الدُّنْيَا وَاسْتَمْتَعْتُمْ بِهَا فَالْيَوْمَ تُجْزَوْنَ عَذَابَ الْهُونِ بِمَا كُنْتُمْ تَسْتَكْبِرُونَ فِي الْأَرْضِ بِغَيْرِ الْحَقِّ وَبِمَا كُنْتُمْ تَفْسُقُونَ {۲۰}

پھر جب یہ کافر آگ کے سامنے کھڑے کیے جائیں گے تو ان سے کہا جائے گا: "تم اپنے حصّے کی نعمتیں اپنی دنیا کی زندگی میں ختم کر چکے اور ان کا لُطف تم نے اُٹھالیا، اب جو تکبر تم زمین میں کسی حق کے بغیر کرتے رہے اور جو نافرمانیاں تم نے کیں اُن کی پاداش میں آج تم کو ذلّت کا عذاب دیا جائے گا۔

• شرک کرنے والوں پر جنت حرام ہے

اللہ نے ہمیں پیدا فرمایا ہے، وہی ہمیں رزق دیتا ہے، اسی کی بنائی زمین و کائنات میں ہم رہتے ہیں اور ہماری زندگی کے تمام اسباب و وسائل اسی نے مہیا کیے ہیں، ان نعمتوں پر مزید یہ کہ اس نے ہمیں سوچنے سمجھنے والے دل اور عقل عطا فرمائی۔ غرض خدا کی نشانیوں میں غور و فکر کیجیے تو جانیں گے کہ کائنات میں بلا شرکت غیرے بس اللہ ہی کی حکومت، بادشاہی اور فرمانروائی چل رہی ہے اور ہماری زندگی کا ایک ایک سانس خالص اسی کی عطا، کرم اور مہربانی ہے جس میں کسی دوسرے کی کوئی شرکت نہیں اور اسی اقرار و عہد کا وہ ہم سے مطالبہ بھی کرتا ہے کہ ہم بس اسی کی بندگی اور اطاعت کریں اور اس کی ذات، صفات، حقوق بندگی، اختیارات، ارادوں، فیصلوں، بادشاہی اور حکومت میں کسی کو

شریک نہ کریں۔ اب اس ایک ہی اللہ کی تخلیق ہو کر، اس کا دیا ہوا رزق کھا کر اور اس کے بنائے زمین و آسمان کی حدود میں رہ کر جب ہم اس کے ساتھ دوسروں کو شریک کرتے ہیں تو یہ وہ انتہائی سنگین جرم ہے جس سے بڑا ظلم اور کوئی نہیں اِنَّ الشِّرۡکَ لَظُلۡمٌ عَظِیۡمٌ (بے شک شرک بہت بڑا ظلم ہے) اور یہ بات قرآن میں اپنے محبوب بیٹے کو نصیحت کرتے ہوئے ایک ایسے شخص کی زبانی ہمیں بتلائی گئی جن کو اللہ نے حکمت عطا فرمائی تھی:

سورۃ لقمان (۳۱)

وَلَقَدۡ اٰتَیۡنَا لُقۡمٰنَ الۡحِکۡمَۃَ اَنِ اشۡکُرۡ لِلّٰہِ ؕ وَمَنۡ یَّشۡکُرۡ فَاِنَّمَا یَشۡکُرُ لِنَفۡسِہٖ ۚ وَمَنۡ کَفَرَ فَاِنَّ اللّٰہَ غَنِیٌّ حَمِیۡدٌ {۱۲} وَاِذۡ قَالَ لُقۡمٰنُ لِابۡنِہٖ وَھُوَ یَعِظُہٗ یٰبُنَیَّ لَا تُشۡرِکۡ بِاللّٰہِ ؕؔ اِنَّ الشِّرۡکَ لَظُلۡمٌ عَظِیۡمٌ {۱۳}

ہم نے لقمان کو حکمت عطا کی تھی کہ اللہ کا شکر گزار ہو۔ جو کوئی شکر کرے اُس کا شکر اُس کے اپنے ہی لیے مفید ہے۔ اور جو کوئی کفر کرے تو حقیقت میں اللہ بے نیاز اور آپ سے آپ محمود ہے۔

یاد کرو جب لقمان اپنے بیٹے کو نصیحت کر رہا تھا تو اُس نے کہا "بیٹا! خُدا کے ساتھ کسی کو شریک نہ کرنا، حق یہ ہے کہ شرک بہت بڑا ظلم ہے۔"

اسی مضمون پر کچھ احادیث مبارکہ بھی ملاحظہ ہوں:

سیدنا عبدالرحمن بن ابی بکر اپنے والد (سیدنا ابو بکرؓ) سے روایت کرتے ہیں کہ انہوں نے کہا کہ ہم رسول اللہ ﷺ کے پاس تھے، آپ ﷺ نے فرمایا کہ کیا میں تم کو بڑا کبیرہ گناہ نہ بتلاؤں؟ تین بار آپ ﷺ نے یہی فرمایا (پھر فرمایا کہ) اللہ کے ساتھ شرک کرنا (یہ تو ظاہر ہے کہ سب سے بڑا کبیرہ گناہ ہے) دوسرے اپنے ماں باپ کی نافرمانی کرنا، تیسرے جھوٹی گواہی دینا یا جھوٹ بولنا۔ اور رسول اللہ ﷺ تکیہ لگائے بیٹھے تھے، آپ ﷺ اٹھ کر بیٹھ گئے اور بار بار یہ فرمانے لگے (تاکہ لوگ خوب آگاہ ہو

جائیں اور ان کاموں سے باز رہیں) حتیٰ کہ ہم نے اپنے دل میں کہا کہ کاش آپ ﷺ خاموش ہو جائیں۔ (تاکہ آپ کو زیادہ رنج نہ ہو ان گناہوں کا خیال کر کے کہ لوگ ان کو کیا کرتے ہیں)۔

(صحیح مسلم)

سیدنا ابو ہریرہؓ سے روایت ہے کہ رسول اللہ ﷺ نے فرمایا کہ سات گناہوں سے بچو جو ایمان کو ہلاک کر ڈالتے ہیں۔ صحابہؓ نے کہا کہ یا رسول اللہ ﷺ وہ کون سے گناہ ہیں؟ آپ ﷺ نے فرمایا:

۱۔ اللہ کے ساتھ شرک کرنا۔

۲۔ جادو کرنا۔

۳۔ اس جان کو مارنا جس کا مارنا اللہ تعالیٰ نے حرام کیا ہے، لیکن حق پر مارنا درست ہے۔

۴۔ سود کھانا۔

۵۔ یتیم کا مال کھا جانا۔

۶۔ اور لڑائی کے دن کافروں کے سامنے سے بھاگنا۔

۷۔ اور شادی شدہ ایمان دار، پاک دامن عورتوں کو جو بدکاری سے واقف نہیں، تہمت لگانا۔

(صحیح مسلم)

اللہ کے ساتھ دوسروں کو شریک ٹھہرانا بہت بڑا ظلم اور بدترین جرم ہے۔ یہ ایسا بھیانک و گھناؤنا کام اور ایسی خوفناک غلطی ہے کہ جو شخص شرک میں ملوث رہا اور توبہ کیے بغیر مر گیا اور اللہ کے ہاں اس حال میں حاضر ہو کہ ساتھ میں شرک لیے ہوئے ہے تو اس

کیا یہ گناہ اس دوزخ میں لے جائے گا کیونکہ یہ اللہ کی کتاب میں ناقابل معافی گناہ ہے اور اس کے مرتکب پر اللہ نے جنت حرام کر دی:

سورۃ النساء(۴)

إِنَّ اللّهَ لاَ يَغْفِرُ أَن يُشْرَكَ بِهِ وَيَغْفِرُ مَا دُونَ ذَلِكَ لِمَن يَشَاءُ وَمَن يُشْرِكْ بِاللّهِ فَقَدِ افْتَرَى إِثْمًا عَظِيمًا ﴿۴۸﴾

اللہ بس شرک ہی کو معاف نہیں کرتا، اس کے ماسوا دوسرے جس قدر گناہ ہیں وہ جس کے لیے چاہتا ہے معاف کر دیتا ہے۔ اللہ کے ساتھ جس نے کسی اور کو شریک ٹھیرایا اُس نے تو بہت ہی بڑا جھوٹ تصنیف کیا اور بڑے سخت گناہ کی بات کی۔

سورۃ النساء(۴)

إِنَّ اللّهَ لاَ يَغْفِرُ أَن يُشْرَكَ بِهِ وَيَغْفِرُ مَا دُونَ ذَلِكَ لِمَن يَشَاءُ وَمَن يُشْرِكْ بِاللّهِ فَقَدْ ضَلَّ ضَلاَلاً بَعِيدًا ﴿۱۱۶﴾

اللہ کے ہاں بس شرک ہی کی بخشش نہیں ہے، اس کے سوا اور سب کچھ معاف ہو سکتا ہے جسے وہ معاف کرنا چاہے۔ جس نے اللہ کے ساتھ کسی کو شریک ٹھیرایا وہ تو گمراہی میں بہت دور نکل گیا۔

سورۃ المائدۃ(۵)

إِنَّهُ مَن يُشْرِكْ بِاللّهِ فَقَدْ حَرَّمَ اللّهُ عَلَيهِ الْجَنَّةَ وَمَأْوَاهُ النَّارُ وَمَا لِلظَّالِمِينَ مِنْ أَنْصَارٍ ﴿۷۲﴾

جس نے اللہ کے ساتھ کسی کو شریک ٹھہرایا اُس پر اللہ نے جنت حرام کر دی اور اس کا ٹھکانا جہنم ہے اور ایسے ظالموں کا کوئی مددگار نہیں۔

شرک کی معافی کیوں نہیں اور مشرک پر جنت کیوں حرام ہے، علماء نے اس بات کو

سمجھانے کے لیے بڑی خوبصورت مثالیں دی ہیں۔ جن میں سے ایک مثال میاں بیوی کے رشتے کی دی گئی ہے۔وہ اس طرح کہ ایک سلیم الفطرت شخص کبھی اپنی بیوی میں دوسرے کی شراکت برداشت نہیں کر سکتا۔ایک طرف تو وہ اپنی بیوی کے لیے دن رات محنت کر کے کمار ہا ہو، اسے کھلا پلا رہا ہو اور اسے ہر سہولت فراہم کر رہا ہو، دوسری طرف اگر اسے یہ معلوم ہو کہ اس کی بیوی کی دلچسپی، محبت اور تعلق اس کے ساتھ نہیں بلکہ کسی اور کے ساتھ ہے یا وہ ان حقوق میں جو خاص اس کے لیے ہی ہیں کسی دوسرے کو بھی شریک کرتی ہے تو اپنی بیوی کی یہ غلطی وہ کبھی معاف نہ کرے گا ہاں باقی جتنی بھی خامیاں ہوں وہ معاف کی جاسکتی ہیں اور ان کوتاہیوں کے ساتھ بھی یہ تعلق تمام عمر نبھ سکتا ہے اور نبھتا ہے لیکن ایک بیوی کی طرف سے شوہر کے خاص حقوق میں دوسروں کی شراکت ایک ایسی غلطی ہے جس کو ایک ایسا شوہر جس کی فطرت مسخ نہ ہو چکی ہو کبھی معاف نہ کرے گا۔

اب یہ تو بات سمجھانے کے لیے محض ایک مثال ہے اور ایک ایسے انسانی رشتے کا حال ہے جو چند لفظوں سے ٹوٹ جاتا ہے اور جس رشتے کی خالق و مخلوق کے رشتے سے کوئی نسبت ہی نہیں۔ غور فرمایئے کہ اللہ کے ساتھ ہمارا تعلق خالق اور مخلوق کا ہے جو کہ ہمارا سب سے پہلا اٹوٹ رشتہ ہے۔ ہم اللہ کو اپنا خالق و مالک ورب مانیں یا نہ مانیں وہ بہر حال ہمارا خالق و مالک ورب ہے۔ جس طرح کوئی اپنے والدین کے رشتے سے انکار نہیں کر سکتا اسی طرح اپنے خالق کے رشتے کا بھی انکار بھی نہیں کر سکتا۔اسی مثال سے علماء نے یہ سمجھانے کی کوشش کی ہے کہ ہمیں کسی دوسرے کی شرکت کے بغیر پیدا تو اللہ کرتا ہے، رزق دیتا ہے، ہم ساری زندگی اسی کے انتظام پر جیتے ہیں اور کہیں ایک لمحے کے لیے بھی کوئی دوسرا حقیقتاً ہماری زندگی برقرار رکھنے کے عمل میں شریک نہیں ہوتا تو بھلا

خدا کی غیرت کیوں یہ گوارا کرے کہ ہم اس کی مخلوق ہو کر اس کے ساتھ کسی دوسرے کو شریک کریں۔ ہمیں زندگی وہ عطا کرے اور ہماری نیاز مندیاں دوسروں کے لیے وقف ہوں، ہم رزق کھائیں اللہ کا، زندہ رہیں اللہ کی مہربانی سے اور ہمارا خوف اور ہماری امیدیں دوسروں سے وابستہ ہوں، ہمیں سب کچھ عطا اللہ فرمائے اور ہم سر جھکائیں اوروں کے دروں پر جو خود ہمارے ہی جیسی بے بس کمزور مخلوق ہیں۔ شرک کی بنیاد میں ہی یہ خیال اور یہ عنصر کارفرما ہوتا ہے کہ اللہ کی طرف کسی کمزوری، محتاجی اور عیب کو منسوب کیا جائے حالانکہ وہ ہر کمزوری، محتاجی اور عیب سے پاک ہے اور یہ اللہ کی توہین ہے کہ اسی کا ساختہ پرداختہ کوئی شخص اٹھ کر اسی کی مخلوق میں سے کسی کو اس کے ساتھ شریک کرے۔ اور اللہ کی یہ توہین ایک ایسا گناہ ہے جسے وہ کبھی معاف نہ کرے گا۔

بس یہی وہ جرم عظیم ہے کہ خدا کی بارگاہ میں جس کی معافی کوئی نہیں جیسا کہ اوپر آیات میں ذکر آیا اور یہ معاملہ ایسا حساس ہے کہ:

سیدنا جابر بن عبد اللہؓ کہتے ہیں کہ ایک شیخ نے نبی ﷺ سے پوچھا کہ یارسول اللہ ﷺ دو واجب کر دینے والی چیزیں کیا کیا ہیں؟ آپ ﷺ نے فرمایا: جس کو اس حال میں موت آئے کہ وہ اللہ کے ساتھ کسی کو شریک نہ کرتا ہو، وہ جنت میں جائے گا اور جس کو اس حال میں موت آئے کہ اللہ کے ساتھ کسی کو شریک کرتا ہو، وہ جہنم میں داخل ہو گا۔

(صحیح مسلم)

اور نیتوں اور دلوں کے خیالات اور وسوسے تک جاننے والا اللہ صرف وہ اعمال قبول فرماتا ہے جو خالص اسی کے لیے کیے جائیں۔ وہ کوئی بھی ایسا عمل قبول نہیں کرتا جس میں اس کے ساتھ کسی دوسرے کو بھی شریک کیا جائے۔ جو کوئی ایسا عمل کرے تو

پھر اپنے عمل کی جزا کی جھوٹی توقع بھی اسی سے رکھے جسے اس نے اس عمل میں اللہ کے ساتھ شریک کیا۔ خدا کے ہاں اس کا یہ عمل مردود ہے۔ حدیث مبارکہ ملاحظہ ہو:

سیدنا ابو ہریرہؓ کہتے ہیں کہ رسول اللہ ﷺ نے فرمایا: اللہ تعالیٰ فرماتا ہے کہ میں اور شریکوں کی نسبت شرک سے بہت زیادہ بے پرواہوں۔ جس نے کوئی ایسا عمل کیا جس میں میرے ساتھ میرے غیر کو بھی ملایا اور شریک کیا تو میں اس کو اور اس کے شریک کیے کام کو چھوڑ دیتا ہوں۔ (یعنی اللہ اسی عبادت اور عمل کو قبول کرتا ہے جو اللہ ہی کے واسطے خالص ہو دوسرے کا اس میں کچھ حصہ نہ ہو)۔

(صحیح مسلم)

سارے اعمال کو برباد کر دینے والے اسی گناہ یعنی شرک سے بچنے کے لیے سارے انبیاء اور رسولوں علیہم السلام کی طرف یہ وحی کی گئی کہ:

سورۃ الزمر (۳۹)

وَلَقَدْ أُوحِيَ إِلَيْكَ وَإِلَى الَّذِينَ مِنْ قَبْلِكَ لَئِنْ أَشْرَكْتَ لَيَحْبَطَنَّ عَمَلُكَ وَلَتَكُونَنَّ مِنَ الْخَاسِرِينَ {۶۵} بَلِ اللَّهَ فَاعْبُدْ وَكُنْ مِنَ الشَّاكِرِينَ {۶۶}

(اے نبیؐ) تمہاری طرف اور تم سے پہلے گزرے ہوئے تمام انبیاء کی طرف یہ وحی بھیجی جا چکی ہے کہ اگر تم نے شرک کیا تو تمہارا عمل ضائع ہو جائے گا اور تم خسارے میں رہو گے۔ لہٰذا تم بس اللہ ہی کی بندگی کرو اور شکر گزار بندوں میں سے ہو جاؤ۔

شرک وہ نجاست اور گندگی ہے جس کے ساتھ کوئی عبادت قبول نہیں ہوتی:

سورۃ التوبۃ (۹)

يَا أَيُّهَا الَّذِينَ آمَنُوا إِنَّمَا الْمُشْرِكُونَ نَجَسٌ۔۔۔ {۲۸}

اے ایمان لانے والو! مشرکین ناپاک ہیں۔

شرک جنت کو حرام کر دینے والا ناقابل معافی گناہ ہے اس لیے اے ایمان والو شرک سے بچنا:

سورۃ یوسف (۱۲)

وَمَا يُؤْمِنُ أَكْثَرُهُمْ بِاللَّهِ إِلَّا وَهُمْ مُشْرِكُونَ {۱۰۶}

ان میں سے اکثر اللہ کو مانتے ہیں مگر اس طرح کہ اُس کے ساتھ دوسروں کو شریک ٹھیراتے ہیں۔

اور اگر اب تک اس جرم میں مبتلا رہے ہیں تو زندگی کی اگلی سانس سے پہلے ہی توبہ کر لیجیے کہ توبہ ہر گناہ کو مٹا دیتی ہے:

سورۃ مریم (۱۹)

إِلَّا مَنْ تَابَ وَآمَنَ وَعَمِلَ صَالِحًا فَأُولَئِكَ يَدْخُلُونَ الْجَنَّةَ وَلَا يُظْلَمُونَ شَيْئًا {۶۰}

البتہ جو توبہ کر لیں اور ایمان لے آئیں اور نیک عملی اختیار کر لیں وہ جنّت میں داخل ہوں گے اور ان کی ذرّہ برابر حق تلفی نہ ہو گی۔

- اللہ کی آیات کو جھٹلانے والے اور ان کے مقابلے میں سرکشی کرنے والے

سورۃ الأعراف (۷)

إِنَّ الَّذِينَ كَذَّبُوا بِآيَاتِنَا وَاسْتَكْبَرُوا عَنْهَا لَا تُفَتَّحُ لَهُمْ أَبْوَابُ السَّمَاءِ وَلَا يَدْخُلُونَ الْجَنَّةَ حَتَّى يَلِجَ الْجَمَلُ فِي سَمِّ الْخِيَاطِ وَكَذَلِكَ نَجْزِي الْمُجْرِمِينَ {۴۰} لَهُمْ مِنْ جَهَنَّمَ مِهَادٌ وَمِنْ فَوْقِهِمْ غَوَاشٍ وَكَذَلِكَ نَجْزِي الظَّالِمِينَ {۴۱}

یقین جانو جن لوگوں نے ہماری آیات کو جھٹلایا ہے اور ان کے مقابلے میں سرکشی کی ہے ان کے لیے آسمان کے دروازے ہرگز نہ کھولے جائیں گے۔ ان کا جنت میں جانا اتنا ہی ناممکن ہے جتنا سوئی کے ناکے سے اونٹ کا گزرنا۔ مجرموں کو ہمارے ہاں ایسا ہی

بدلہ ملا کرتا ہے۔ ان کے لیے تو جہنم کا بچھونا ہو گا اور جہنم ہی کا اوڑھنا۔ یہ ہے وہ جزا جو ہم ظالموں کو دیا کرتے ہیں۔

• دین کو کھیل تماشا اور مذاق بنا لینے والے وہ لوگ جو اللہ کی باتوں اور احکامات کی توہین کرتے ہیں اور ان کا تمسخر اڑاتے ہیں

سورۃ الأعراف (۷)

وَنَادَى أَصْحَابُ النَّارِ أَصْحَابَ الْجَنَّةِ أَنْ أَفِيضُوا عَلَيْنَا مِنَ الْمَاءِ أَوْ مِمَّا رَزَقَكُمُ اللّهُ قَالُوا إِنَّ اللّهَ حَرَّمَهُمَا عَلَى الْكَافِرِينَ {۵۰} الَّذِينَ اتَّخَذُوا دِينَهُمْ لَهْوًا وَلَعِبًا وَغَرَّتْهُمُ الْحَيَاةُ الدُّنْيَا فَالْيَوْمَ نَنسَاهُمْ كَمَا نَسُوا لِقَاءَ يَوْمِهِمْ هَـذَا وَمَا كَانُوا بِآيَاتِنَا يَجْحَدُونَ {۵۱}

اور دوزخ کے لوگ جنت والوں کو پکاریں گے کہ کچھ تھوڑا سا پانی ہم پر ڈال دو یا جو رزق اللہ نے تمہیں دیا ہے اسی میں سے کچھ پھینک دو۔ وہ جواب دیں گے کہ "اللہ نے یہ دونوں چیزیں اُن منکرینِ حق پر حرام کر دی ہیں جنہوں نے اپنے دین کو کھیل اور تفریح بنا لیا تھا اور جنہیں دنیا کی زندگی نے فریب میں مبتلا کر رکھا تھا۔ اللہ فرماتا ہے کہ آج ہم بھی انہیں اسی طرح بھُلا دیں گے جس طرح وہ اِس دن کی ملاقات کو بھولے رہے اور ہماری آیتوں کا انکار کرتے رہے۔"

• کسی مومن کو ناحق جان بوجھ کر قتل کرنے والے

سورۃ النساء (۴)

وَمَن يَقْتُلْ مُؤْمِنًا مُّتَعَمِّدًا فَجَزَآؤُهُ جَهَنَّمُ خَالِدًا فِيهَا وَغَضِبَ اللّهُ عَلَيْهِ وَلَعَنَهُ وَأَعَدَّ لَهُ عَذَابًا عَظِيمًا {۹۳}

جو شخص کسی مومن کو جان بوجھ کر قتل کرے تو اس کی جزا جہنم ہے جس میں وہ ہمیشہ رہے گا۔ اس پر اللہ کا غضب اور اس کی لعنت ہے اور اللہ نے اس کے لیے سخت

عذاب مہیا کر رکھا ہے۔

علماء نے اس آیت کا مفہوم یہ بیان کیا ہے کہ جو شخص کسی مومن کے ناحق قتل کو جائز سمجھ کر اسے قتل کرتا ہے وہ اس زمرے میں آتا ہے نہ کہ وہ جس سے غلطی یا اتفاقی غصہ کی بنا پر یہ جرم سرزد ہو جائے۔ (واضح رہے کہ حق کے ساتھ قتل کیا جانا اسلامی حدود و قوانین کے نفاذ میں قتل کیا جانا ہے مثلاً قصاص میں قتل کیا جانا، شادی شدہ زانی کو سنگسار کیا جانا وغیرہ)۔

ایک مومن کی جان اللہ کی نگاہ میں کس قدر قیمتی ہے اس کا اندازہ آپ اوپر کی آیت سے لگا لیجیے۔ یہ وہ سخت ترین سزا ہے (جہنم میں ہمیشہ رہنا، اللہ کا غضب، اللہ کی لعنت اور عذاب عظیم) جو کسی ایک گناہ کی قرآن میں بیان کی گئی ہے لہذا اس آیت سے سرسری طور پر نہ گزر جایئے گا کیونکہ آج کے پرفتن دور میں وہ تمام لوگ جو اہل ایمان کے قتل ناحق کو جائز سمجھتے ہیں، اس کی منصوبہ بندی کرتے ہیں اور پھر اس پر عمل درآمد کرتے ہیں اس آیت کی زد میں آتے ہیں۔ بھلے وہ حکومتی اقتدار کو استعمال کر کے دشمنوں کو خوش کرنے کے لیے مسجدوں کے اندر اپنے کلمہ گو بھائیوں، بیٹوں اور بیٹیوں کو شہید کرنے والے ظالم ہوں، محض اپنا رعب و دبدبہ بٹھانے کے لیے سرعام سڑکوں پر عام لوگوں پر فائرنگ کرنے والے ہوں، خوف وہراس پھیلانے کے لیے ٹارگٹ کلنگ کرنے والے ہوں، دوسروں کو محض اس لیے قتل کر دینے والے ہوں کہ وہ ہمارے فرقے یا پارٹی سے تعلق نہیں رکھتا، مسجدوں کو غیر محفوظ بنانے والے ہوں، یا پھر دشمن کے آلۂ کار بن کر چوکوں، چوراہوں اور عام لوگوں کی مصروف گزر گاہوں پر دہشت پھیلانے کے لیے بم دھماکے کر کے معصوم اہل ایمان کی ناحق جان لینے والے ہوں۔ ان سب کو قرآن کی اس آیت کے آئینے میں اپنا چہرہ اور انجام دیکھ لینا چاہیے۔

اسی بارے میں کچھ روایات میں تو اس طرح آیا ہے کہ مومن کی جان کی حرمت بھی ویسی ہی ہے جیسی کہ کعبۃ اللہ کی حرمت، اور یہ کہ مومن کو ناحق قتل نہ کیا جائے بھلے زمین و آسمان جلا دیے جائیں۔

مومن کی جان تو کیا اسلام اس کی بھی اجازت نہیں دیتا کہ کسی ایسے کافر کو ناحق قتل کیا جائے جو ذمی ہو۔ حدیث مبارکہ ملاحظہ ہو:

سیدنا عبداللہ بن عمروؓ رسول اللہ ﷺ سے روایت کرتے ہیں کہ آپ ﷺ نے فرمایا: "جو شخص کسی ذمی کافر کو ناحق قتل کرے گا وہ جنت کی خوشبو تک نہ پائے گا اور بے شک جنت کی خوشبو چالیس برس کی مسافت سے معلوم ہوتی ہے۔"

(صحیح مسلم)

انسانی جان اسلام کی نگاہ میں اتنی قیمتی ہے کہ قرآن نے ایک انسان کے ناحق قتل کو پوری انسانیت کا قتل قرار دیا ہے:

سورۃ المائدۃ (۵)

مَن قَتَلَ نَفۡسًا بِغَيۡرِ نَفۡسٍ أَوۡ فَسَادٍ فِي الأَرۡضِ فَكَأَنَّمَا قَتَلَ النَّاسَ جَمِيعًا وَمَنۡ أَحۡيَاهَا فَكَأَنَّمَا أَحۡيَا النَّاسَ جَمِيعًا۔۔۔ {۳۲}

جس نے کسی انسان کو خُون کے بدلے یا زمین میں فساد پھیلانے کے سوا کسی اور وجہ سے قتل کیا اس نے گویا تمام انسانوں کو قتل کر دیا اور جس نے کسی کی جان بچائی اُس نے گویا تمام انسانوں کو زندگی بخش دی۔

اسلام تو اپنی جان لینے کو یعنی خودکشی کو بھی سخت قابل مذمت فعل اور حرام موت قرار دیتا ہے۔ احادیث مبارکہ ملاحظہ ہوں:

سیدنا جندبؓ نبی ﷺ سے روایت کرتے ہیں کہ آپ ﷺ نے فرمایا: " ایک

شخص کے کچھ زخم لگ گیا تھا، اس نے اپنے آپ کو مار ڈالا پس اللہ تعالیٰ نے فرمایا: "میرے بندے نے مجھ سے سبقت کی (یعنی اپنی جان خود دے دی) لہٰذا میں نے اس پر جنت حرام کر دی۔"

(صحیح مسلم)

سیدنا ابوہریرہؓ کہتے ہیں کہ نبی ﷺ نے فرمایا: "جو شخص اپنی جان گلا گھونٹ کر دیتا ہے وہ اپنا گلا دوزخ میں برابر گھونٹا کرے گا اور جو شخص زخم لگا کر اپنے آپ کو ہلاک کر لیتا ہے وہ دوزخ میں برابر اپنے آپ کو زخم لگایا کرے گا۔"

(صحیح مسلم)

- سود کھانے والے جو توبہ نہ کریں

سورۃ البقرۃ (۲)

الَّذِينَ يَأْكُلُونَ الرِّبَا لاَ يَقُومُونَ إِلاَّ كَمَا يَقُومُ الَّذِي يَتَخَبَّطُهُ الشَّيْطَانُ مِنَ الْمَسِّ ذَلِكَ بِأَنَّهُمْ قَالُواْ إِنَّمَا الْبَيْعُ مِثْلُ الرِّبَا وَأَحَلَّ اللّهُ الْبَيْعَ وَحَرَّمَ الرِّبَا فَمَن جَاءهُ مَوْعِظَةٌ مِّن رَّبِّهِ فَانتَهَى فَلَهُ مَا سَلَفَ وَأَمْرُهُ إِلَى اللّهِ وَمَنْ عَادَ فَأُوْلَـئِكَ أَصْحَابُ النَّارِ هُمْ فِيهَا خَالِدُونَ {۲۷۵}

جو لوگ سُود کھاتے ہیں، اُن کا حال اُس شخص کا سا ہوتا ہے، جسے شیطان نے چھُو کر باؤلا کر دیا ہو۔ اور اس حالت میں اُن کے مبتلا ہونے کی وجہ یہ ہے کہ وہ کہتے ہیں: "تجارت بھی تو آخر سُود ہی جیسی چیز ہے"، حالانکہ اللہ نے تجارت کو حلال کیا ہے اور سُود کو حرام۔ لہٰذا جس شخص کو اس کے ربّ کی طرف سے یہ نصیحت پہنچے اور آئندہ کے لیے وہ سُود خوری سے باز آجائے، تو جو کچھ وہ پہلے کھا چکا، اس کا معاملہ اللہ کے حوالے ہے۔ اور جو اس حکم کے بعد پھر اسی حرکت کا اعادہ کرے، وہ جہنمی ہے، جہاں وہ ہمیشہ رہے گا۔

- دماغوں میں بسی جھوٹی بڑائی اور تکبر کے باعث سچائی کو نہ ماننے والے، اللہ کے

احکامات کی پروانہ کرنے والے اور دوسروں کو حقیر جاننے والے مغرور اور متکبر لوگ

سیدنا عبد اللہ بن مسعودؓ نبی ﷺ سے روایت کرتے ہیں کہ آپ ﷺ نے فرمایا: وہ شخص جنت میں نہ جائے گا جس کے دل میں رتی برابر بھی غرور اور گھمنڈ ہو گا۔ ایک شخص بولا کہ ہر ایک آدمی چاہتا ہے کہ اس کا کپڑا اچھا ہو اور اس کا جوتا (اوروں سے) اچھا ہو، (تو کیا یہ بھی غرور اور گھمنڈ ہے؟) آپ ﷺ نے فرمایا کہ اللہ تعالیٰ خوبصورت ہے اور خوبصورتی پسند کرتا ہے۔ غرور اور گھمنڈ یہ ہے کہ انسان حق کو ناحق کرے (یعنی اپنی بات کی پچ یا نفسانیت سے ایک بات واجبی اور صحیح ہو تو اس کو رد کرے اور نہ مانے) اور لوگوں کو حقیر سمجھے۔

(صحیح مسلم)

متکبرین کے متعلق اللہ کے یہ فرامین بھی ذہن میں رہیں:

سورۃ الأعراف (۷)

سَأَصْرِفُ عَنْ آيَاتِيَ الَّذِينَ يَتَكَبَّرُونَ فِي الأَرْضِ بِغَيْرِ الْحَقِّ وَإِن يَرَوْاْ كُلَّ آيَةٍ لاَّ يُؤْمِنُواْ بِهَا وَإِن يَرَوْاْ سَبِيلَ الرُّشْدِ لاَ يَتَّخِذُوهُ سَبِيلاً وَإِن يَرَوْاْ سَبِيلَ الْغَيِّ يَتَّخِذُوهُ سَبِيلاً ذَلِكَ بِأَنَّهُمْ كَذَّبُواْ بِآيَاتِنَا وَكَانُواْ عَنْهَا غَافِلِينَ {۱۴۶} وَالَّذِينَ كَذَّبُواْ بِآيَاتِنَا وَلِقَاءِ الآخِرَةِ حَبِطَتْ أَعْمَالُهُمْ هَلْ يُجْزَوْنَ إِلاَّ مَا كَانُواْ يَعْمَلُونَ {۱۴۷}

میں اپنی نشانیوں سے اُن لوگوں کی نگاہیں پھیر دوں گا جو بغیر کسی حق کے زمین میں تکبر کرتے ہیں (بڑے بنتے ہیں)، وہ خواہ کوئی نشانی دیکھ لیں کبھی اس پر ایمان نہ لائیں گے، اگر سیدھا راستہ اُن کے سامنے آئے تو اسے اختیار نہ کریں گے اور اگر ٹیڑھا راستہ نظر آئے تو اس پر چل پڑیں گے، اس لیے کہ اُنھوں نے ہماری نشانیوں کو جھٹلایا اور ان سے بے پروائی کرتے رہے۔ ہماری نشانیوں کو جس کسی نے جھٹلایا اور آخرت کی پیشی کا اِنکار

کیا اُس کے سارے اعمال ضائع ہو گئے۔ کیا لوگ اِس کے سِوا کچھ اور جزا پا سکتے ہیں کہ جیسا کریں ویسا بھریں؟

سورۃ النساء (۴)

اِنَّ اللّٰہَ لَا یُحِبُّ مَن کَانَ مُختَالاً فَخُورًا {۳۶}

یقین جانو اللہ کسی ایسے شخص کو پسند نہیں کرتا جو اپنے پندار میں مغرور ہو اور اپنی بڑائی پر فخر کرے۔

سورۃ لقمان (۳۱)

اِنَّ اللّٰہَ لَا یُحِبُّ کُلَّ مُختَالٍ فَخُورٍ {۱۸}

بے شک اللہ کسی خود پسند اور فخر جتانے والے شخص کو پسند نہیں کرتا۔

سورۃ الحدید (۵۷)

وَاللّٰہُ لَا یُحِبُّ کُلَّ مُختَالٍ فَخُورٍ {۲۳}

اللہ ایسے لوگوں کو پسند نہیں کرتا جو اپنے آپ کو بڑی چیز سمجھتے ہیں اور فخر جتاتے ہیں۔

کچھ احادیث مبارکہ:

سیدنا ابو سعید خدری اور سیدنا ابو ہریرہ رضی اللہ عنہما کہتے ہیں کہ رسول اللہ ﷺ نے فرمایا: عزت اور بڑائی اللہ تعالیٰ کی چادر ہے (یعنی یہ دونوں اس کی صفتیں ہیں) پھر اللہ عزوجل فرماتا ہے کہ جو کوئی یہ مجھ سے چھیننے کی کوشش کرے گا، میں اس کو عذاب دوں گا۔

(صحیح مسلم)

سیدنا عبد اللہ بن عمرؓ سے روایت ہے کہ رسول اللہ ﷺ نے فرمایا: اللہ تعالیٰ

قیامت کے دن شخص کی طرف نہیں دیکھے گا جو اپنا کپڑا غرور سے زمین پر کھینچے (گھسیٹے)۔
(صحیح مسلم)

کچھ احادیث مبارکہ اہل جنت کے بارے میں:

سیدنا حارثہ بن وہب خزاعی رضی اللہ عنہ کہتے ہیں کہ میں نے نبی ﷺ کو یہ فرماتے ہوئے سنا: "کیا میں تمہیں جنتی لوگوں کی خبر نہ دوں (کہ وہ کون لوگ ہوتے ہیں)؟ جنتی ہر وہ شخص جو دنیا والوں کی نظر میں حقیر و ذلیل ہو اور اللہ کے بھروسے پر کسی بات کی قسم کھالے تو اللہ اس کو پورا کر دے اور کیا میں تمہیں دوزخیوں کی خبر نہ دوں (کہ وہ کون لوگ ہوتے ہیں)؟ دوزخی شریر، مغرور، اور متکبر لوگ ہوتے ہیں۔"
(صحیح بخاری)

سیدنا ابو ہریرہؓ سے روایت ہے کہ نبی ﷺ نے فرمایا: "دوزخ اور جنت نے آپس میں بحث کی۔ دوزخ نے کہا کہ میں متکبر اور ظالم لوگوں کو عذاب دینے کے لیے مخصوص کر دی گئی ہوں اور جنت نے کہا کہ معلوم نہیں کیا وجہ ہے کہ مجھ میں تو وہ لوگ آئیں گے جو (دنیا کے لحاظ سے) غریب، محتاج، نظر سے گرے ہوئے ہوں گے۔
(صحیح بخاری و مسلم)

متکبر ہونا صرف اللہ کی صفت ہے اور تکبر صرف اللہ ہی کو جچتا اور زیب دیتا ہے۔ اب کوئی اور اپنے آپ کو بڑا سمجھنے لگے تو ہم کہتے ہیں کہ مغرور ہو گیا۔ غرور کے لفظی معنی ہیں دھوکہ۔ یعنی کوئی تکبر کرنے لگے تو مطلب یہ ہوا کہ وہ دھوکے میں پڑ گیا ہے۔ دنیا کی زندگی بھی متاع الغرور یعنی دھوکے کا سامان ہے۔ مخلوق تو نام ہی محتاجی اور کمزوری کا ہے اور مخلوق کی بڑائی اکڑنے میں نہیں بلکہ اس میں ہے کہ وہ اپنے خالق و مالک پروردگار کے سامنے جھک جائے، اس کا تقوی اور عاجزی اختیار کرے کیونکہ اسی میں

مخلوق کی عزت ہے۔

تکبر بدبختی کا نام ہے بعض سلف نے کہا ہے کہ غرور کرنے والا علم اور معرفت سیکھ ہی نہیں سکتا۔ داعیان الی اللہ کی زندگی کا تجربہ ہے کہ جو لوگ متکبر و مغرور ہوتے ہیں انہیں حق بات کی سمجھ نہیں آتی کیونکہ ان کے دماغ میں یہ بات بیٹھ چکی ہوتی ہے کہ ہم بڑے ہیں اور دوسروں سے افضل ہیں اس لیے ہم سے بہتر کوئی نہیں جانتا اور یوں یہ لوگ سچائی کی رہنمائی سے محروم رہ جاتے ہیں۔ حالانکہ صحیح رویہ یہ ہے کہ حکمت کے موتی جہاں سے بھی ملیں اپنی جھولی میں ڈال لینے چاہییں۔

تفسیر ابن کثیر سے تکبر کی مذمت میں کچھ جملے ملاحظہ فرمائیے:

انسان اپنے غرور اور خود پسندی میں بڑھتے بڑھتے اللہ کے ہاں جباروں میں لکھ دیا جاتا ہے۔ پھر اپنی نافرمانی کے عذاب میں پھنس جاتا ہے۔ تکبر کی مذمت میں حضرت ابو بکر صدیق رضی اللہ عنہ نے اپنے خطبے میں انسان کی پیدائش کے بیان میں فرمایا کہ دو شخصوں کی پیشاب گاہ سے نکلتا ہے اور اس طرح اس بیان فرمایا کہ سننے والے گھن کرنے لگے۔ حضرت حسن کا مقولہ ہے کہ وہ انسان جو ہر دن میں دو مرتبہ اپنا پاخانہ ہاتھ سے دھوتا ہے وہ کس بنا پر تکبر کرتا ہے۔ امام محمد بن حسین فرماتے ہیں کہ جس دل میں جتنا گھمنڈ اور تکبر ہوتا ہے، اتنی ہی عقل اس میں کم ہوتی ہے۔ (بحوالہ تفسیر ابن کثیر، تفسیر سورۃ لقمان آیت ۱۸)

غور کیجیے کہ جو انسان زندگی کی ایک ایک سانس کے لیے اپنے خالق کا محتاج ہے جو اپنے پیٹ میں پاخانہ لیے گھومتا ہے اسے بھلا تکبر کیونکر زیب دے سکتا ہے۔

تکبر شیطان کی سب سے بڑی غلطی ہے جس نے اسے مقرب سے مردود کر دیا۔ دل میں اگر اپنی بڑائی کا کیڑا پڑ جائے تو اللہ کی ہدایت کے راستے بند ہو جاتے ہیں جیسا

کہ ہم نے اوپر آیت میں پڑھا۔ انسان کی خیر، بھلائی اور فلاح اللہ کے سامنے جھک جانے میں اور اللہ کی غلامی قبول کر لینے میں ہے۔ اسلام اور ہدایت بندگیِ رب کا اور بس اللہ کے سامنے سر تسلیم خم کرنے کا نام ہے۔ دلوں کو تکبر کا مرض لگ جائے تو یہ انسان کو جھکنے نہیں دیتا اور شیطان کے راستے اور انجام پر ڈال دیتا ہے۔ اسی لیے ہم دیکھتے ہیں کہ کسی بھی نبی اور رسول کی مخالفت کرنے والے اس معاشرے کے متکبر کھاتے پیتے لوگ اور سردار تھے۔ اللہ ہمیں اس خطرناک مرض سے محفوظ رکھے۔

مختصراً یہ کہ

- کفر
- شرک
- اللہ کی آیات کو جھٹلانا، ان کے مقابلے میں سرکشی کرنا، ان کی توہین کرنا اور ان کا مذاق اڑانا۔
- کسی مومن کا ناحق قتل
- سود کھانا
- غرور و تکبر اور دوسروں کو حقیر جاننا

یہ سب وہ خطرناک ترین گناہ ہیں کہ اگر ان سے توبہ نہ کی جائے اور ان پر انسان کو موت آجائے تو یہ انسان کو جنت اور اس کی نعمتوں سے محروم کر دیتے ہیں۔

یہ بھی واضح رہے کہ کسی جرم کی سزا اس کے دورانیے پر نہیں بلکہ نوعیت پر ہوتی ہے اور اوپر پیش کردہ جرائم خدا کی نظر میں ایسی سنگین نوعیت کے ہیں کہ جو انسان کے لیے جنت سے محرومی اور جہنم کی سزا کی صورت میں بہت بڑے نقصان اور خسارے کا باعث بن جاتے ہیں۔

آیئے اللہ کے حضور توبہ کریں تاکہ اگر ہم سے جانے یا انجانے میں یہ گناہ سرزد ہوئے ہوں تو اللہ ہمیں معاف فرمادے اور دعا کریں کہ اللہ آئندہ ہمیں ان تمام گناہوں سے بچنے کی توفیق عطا فرمائے جو ہم پر جنت کو حرام کرنے کا باعث بن سکتے ہیں۔ (آمین)

اللھم انا نسالک الجنۃ و نعوذ بک من عذاب النار

(اے اللہ ہم تجھ سے جنت کا سوال کرتے ہیں اور آگ کے عذاب سے تیری پناہ مانگتے ہیں)

اللھم انا نسالک الجنۃ و نعوذ بک من عذاب النار

(اے اللہ ہم تجھ سے جنت کا سوال کرتے ہیں اور آگ کے عذاب سے تیری پناہ مانگتے ہیں)

اللھم انا نسالک الجنۃ و نعوذ بک من عذاب النار

(اے اللہ ہم تجھ سے جنت کا سوال کرتے ہیں اور آگ کے عذاب سے تیری پناہ مانگتے ہیں)

***

جنت کے موضوعاتی سلسلے کی ایک اور کتاب

جنت کے مناظر

مصنف: اورنگ زیب یوسف

بین الاقوامی ایڈیشن جلد منظر عام پر آرہا ہے